中国往事

主　编　王连升
编　委　于宝华　马俊明　王连升　杜家骥
刘洪涛　张荣明　孙立群

讲述秦汉

上

山西出版集团◆山西教育出版社

图书在版编目(CIP)数据

讲述秦汉. 上/王连升主编. —太原:山西教育出版社,2013.7
(中国往事)
ISBN 978-7-5440-4128-7
Ⅰ.①讲… Ⅱ.①王… Ⅲ.①中国-古代史-秦汉时代-通俗读物
Ⅳ.①K234.09
中国版本图书馆 CIP数据核字(2009)第 186639 号

出版策划 荆作栋 刘立平
项目主持 赵 峰
责任编辑 康 健
复　　审 李 飞
终　　审 荆作栋
装帧设计 王耀斌
印装监制 贾永胜
出版发行 山西出版集团·山西教育出版社
(太原市水西门街馒头巷 7 号 电话:4035711 邮编:030002)
印　　装 山西人民印刷有限责任公司
开　　本 787×1092 1/16
印　　张 9.25
字　　数 159 千字
版　　次 2013 年 7 月第 1 版山西第 10 次印刷
印　　数 44201—46200 册
书　　号 ISBN 978-7-5440-4128-7
定　　价 16.00 元

真实的历史，同样动人心魄……

目录

中国往事

中国从此有了皇帝
——嬴政称帝

秦始皇二十六年（公元前221年），将军王贲统率着强大的秦国军队自燕国南下，很快攻灭了齐国。至此，六国全部被平灭，结束了七国争雄的战国时代，开创了大一统的封建专制秦帝国时期。

秦始皇

秦统一天下，建立了幅员辽阔的帝国，秦王嬴政也由囿于关中地区的国君一跃成为统辖整个华夏大地的独裁者，原有的秦王称号已不能表示至高无上的权威。于是，统一后不久的一天，嬴政就向他的丞相、御史们提出了上尊号的问题。

他说："昔日韩王向我国割让土地，奉送王印，请求我收纳他作为藩臣，过后却违背初约，与赵国、魏国联合背叛秦国，所以我便派出军队诛伐韩国，俘虏了韩王。我认为这样做是正确的，战争差不多可以至此止息了。因而当赵王派遣他的国相李牧前来结盟和好时，我就放还了住在秦国的赵王家族人质。不料，赵王竟然违反既定盟约，攻打我的太原郡，所以我才下令兴兵征讨，活捉了赵王。

赵公子嘉出逃自立为代王，也被我军击灭。魏王开始时表示愿意向秦国投降，后来竟与韩国、赵国阴谋袭击秦国，秦因此派出兵吏征战，破灭了魏国。楚王最初打算割地求和，奉献青阳（在安徽南部，长江南岸）以西的土地，过后毁约，进攻我国南郡（在今湖北江陵）地区，所以我们发兵诛伐，生擒其王，平定了楚地。燕王昏乱，他的儿子太子丹暗中派遣刺客荆轲入秦企图行刺我，兵吏们杀了他，灭了燕国。齐王采用他的国相后胜的计策，断绝与秦国使者交往，想要作乱，军队诛伐，俘虏了齐王，平灭了齐国。我自己以渺小的身体，兴发正义之兵，戡平天下暴乱，依赖着祖宗庙堂的灵光，扫平六国，从此天下大定。所以，今天如果不更变国王的名称，就无以显示成功，适合业已取得的宏伟功绩，使之流芳后世。请你们商议确定帝号。”

当下，丞相王绾、御史大夫冯劫、廷尉李斯等召集群臣研讨，而后上奏说：“在远古五帝的时候，疆土只有方圆千里，国境之外是分封的诸侯和臣服的少数民族君主统辖的地境，诸侯们有的按时朝觐，有的干脆不朝觐，天子却无力控制。现在不一样了，陛下兴举义兵，诛灭垂死的敌国，平定了天下，海内疆域都划作郡县，法令由国家统一制定执行，自从上古以来未尝有过如此盛世，黄帝、颛顼、帝喾、唐尧、虞舜五位帝王都比不上您伟大。臣等与博士们进行了认真的商议，大家说：‘古时候有过天皇，有过地皇，有过泰皇，而以泰皇为最尊贵。’所以，我们冒死陈请奉上尊号，大王您可以称为‘泰皇’，您的命叫作‘制’，令叫作‘诏’，天子您自称‘朕’。”

秦始皇即位图

嬴政说：“去掉‘泰’字，留下‘皇’字，采用上古的‘帝’位号，号称作‘皇帝’。其余的同意你们所议。”

就这样，中国历史上传统的帝王称号被确定了下来，一直沿用了两千多年。

嬴政称皇帝后，立即追尊他的父亲庄襄王为太上皇，并对谥法进行了改革。古时贵族死后依照其生前事迹，评定一个称号，叫“谥法”。帝王之谥，由礼官议上；臣下之谥，由朝廷赐予。据说，先秦时的一整套谥法是由周公创作的。秦始皇对此颇不以为然，他发布制命说：“朕听说远古时期，人君有号但没有谥；中古时期既有号，死后还以其一生品行确定谥称。这样做，就是儿子品评他的父亲，臣下品评他们的君主，很无道理，朕不用这种办法。从现在开始，废除周代谥法制度。朕为始皇帝，后代皇帝以数字排列，二世、三世至于万世，传递无穷。”

皇帝称号确定后，还有一些代表国家属性的制度需要规定。首先，确定秦朝在五德终始中的远位。按照当时盛行的阴阳五行之说，金、木、水、火、土五德相生相克，体现在王朝历史上便是互相替代、轮转。来自齐国的学者向始皇建议说：“黄帝得土德，所以据记载当时出现了黄龙和地蚓；夏朝得木德，所以当时有青龙来到城郊，风调雨顺，草木长得十分茂盛；殷商得金德，所以白银从山上流了下来；周朝得火德，所以当时有赤红色鸟飞临的符征。今天秦朝取替了周朝，是水德的时代。过去秦文公出外狩猎，捕获了黑龙，这正是水德的征兆。”始皇采纳了这一说法，颁布命令，将黄河的名字改为“德水”，宣布这是水德的正式开始。其次，确定国家崇尚的颜色。由于水在北方呈黑色，所以决定色尚黑，衣服、旌旗、旌节等都用黑颜色。再次，确定施政主张。因为水是阴性，而旧的说教认为“阴”在政治方面代表着刑杀，所以始皇确定了以刑罚治国的施政总纲。第四，确定数字计算单位。由于认为水的终数为六，所以取六为计数单位：符帖、法冠都定为六寸，车舆宽度为六尺，六尺叫作一步，每辆车挂六匹马等等。第五，在音韵方面，以大吕为尚。第六，更改年首时间为冬季十月份，朝廷庆贺日是十月初一。

就这样，秦始皇在兼并六国的当年，便完成了称皇帝、定德运等一系列带有王朝标志性的政治制度变革，揭开了中国中期封建社会的序幕。

当时却是血筑成

——万里长城

秦始皇灭六国以后，为了防御北方匈奴族的南下骚扰、抢掠，动员了几十万人在大将蒙恬带领下，将战国时期秦国、赵国和燕国的北边长城加以修缮、增补，连贯为一，在我国北方辽阔的土地上，建成了一条横亘万里、气势雄伟的长城。它宛如腾飞的巨龙，西起临洮（今甘肃岷县），北傍阴山，东至辽东，由西向东，绵延婉转，穿过戈壁草原，翻越崇山峻岭，一直奔向苍茫的大海。万里长城不仅是我国古代劳动人民智慧与血汗的结晶，而且是人类历史上最杰出的军事防御工程之一。

万里长城

长城的修筑，大约起源于春秋战国时期，是各诸侯国拓展疆土、兼并战争日趋激烈的产物。当时，为了防御邻国的进攻，许多诸侯国都在具有军事意义的边界地区修筑长城。战国时期的齐、楚、燕、赵、韩、魏、秦、中山等国都曾修筑过长城。其中的燕、赵、秦三国，为了抵御匈奴、东胡等族的侵扰，保卫本国的安全以及百姓正常的生产、生活，相继在北部边境修筑了长城。内地的长城，秦统一以后大部分被下令拆毁了，而北边的长城则保留了下来，后来秦始皇修万里长城，就是在这三国原有长城的基础上修筑起来的，有的甚至直接利用旧城作为骨干部分。

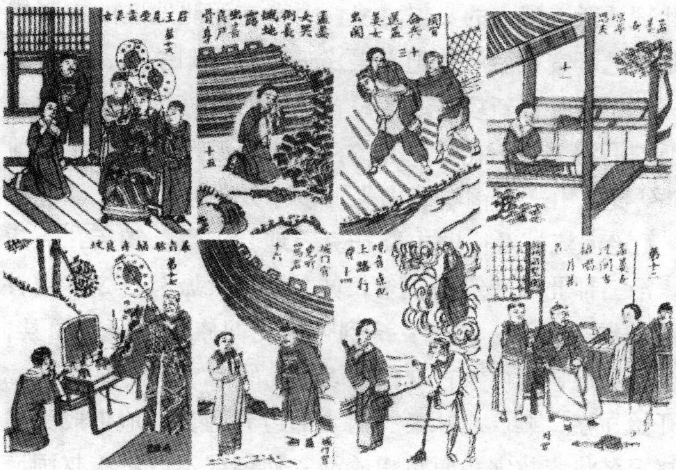

孟姜女万里寻夫

燕国的统治范围，大致在今北京、河北、辽宁一带。战国后期，燕在北部边境修建长城，主要是用以阻挡分布于河北北部、东北地区以及朝鲜半岛的东胡等游牧民族的袭扰。当时燕国有一位名叫秦开的将军，被当作人质扣押在东胡部落，胡人在相处中对他很信任。秦开回到燕国后，根据他掌握的情况建议燕王派兵袭击东胡，结果一下将东胡赶出千里之外。燕在新开辟的地区设置了上谷（辖境在今北京延庆以西、河北张家口以东地区）、渔阳（辖境在今北京密云及附近地区）、右北平（辖境在今河北承德、天津蓟县及辽宁部分地区）、辽西（辖境在今河北迁西以东、长城以南、辽宁大凌河以西地区）、辽东（辖境在今辽宁大凌河以东地区）五郡；同时，为了防范东胡势力再度南侵，在西起造阳（今河北怀来）、东至襄平（今辽宁辽阳）一线修筑了燕长城。

赵国的控制范围在今山西、河北一带，由于北部边界经常受到林胡、楼烦两个游牧部族的侵袭，赵武灵王下决心加强边防。经过“胡服骑射”的军事改革后，赵国军队战斗力提高很多，进兵北上，击败了林胡和楼烦，占据了包括今山西省、河北省北部和内蒙古自治区南部在内的大片地区，并在此设立了云中（辖境在今内蒙古土默特右旗以东、大青山以南、卓资以西、黄河以北地区）、雁门（辖境在今山西偏关、宁武等县以北，恒山以西，内蒙古黄旗海、岱海以南地区）、代（辖境在今河北怀安、蔚县以西，山西阳高、浑源以东的内、外长城间地和长城以外的东洋河流域）三郡；接着，征发民工修筑了赵国长城。这段长城东起今河北省张家口市北，向西经内蒙古兴和、呼和浩特、包头、乌拉特前旗，再沿乌加河北岸继续向西，直达高阙（今内蒙古杭锦后旗东北）。

秦国原主要活动于陕西西部，与戎狄等部族杂居，社会经济较中原各国落后。战国中期秦孝公用商鞅变法以后，国力强盛起来，迅速向外扩张领土。到秦昭王统治时，在秦国北部活跃着强大的义渠之戎，对秦在西北地区的扩张构成很大阻碍。于是，秦昭王之母宣太后施计把义渠戎王骗到咸阳杀死，随后乘机起兵打败了戎族，灭掉义渠，并在新攻占地区设置了陇西（辖境在今甘肃东乡的洮河中游、武山以西的渭河上游、礼县以北的西汉水上游及天水市东部地区）、北地（辖境在今宁夏贺兰山、青铜峡、山水河以东及甘肃环江、马莲河流域）、上郡（辖境在今无定河流域及内蒙古鄂托克等地）三郡。随后，为防备西北部戎、狄的南侵，沿三郡北边修筑了一条长城。这条长城起自今甘肃省岷县城西十公里处，历经渭源、通渭、静宁，绕到今宁夏回族自治区固原县，再折向甘肃环县，经陕西省靖边，到内蒙古准格尔旗东北的十二连城止。

战国中后期，匈奴开始强盛，燕、赵、秦三国北部边界的长城地带成为与匈奴角逐的战场。虽然赵国名将李牧守边时英勇善战，使匈奴不敢进入赵国境内，但由于中原各诸侯间的兼并战争日趋激烈，某些地段的控制权经常变化，因此秦、赵、燕三国所筑的长城，实际上并没能有效地抵御匈奴等游牧民族的侵扰。

秦始皇平定关东六国后，建立了统一的中央集权国家，便有条件把全国的人力物力集中起来对付匈奴。而这时，匈奴的势力也进一步强大起来，越过黄河，到达鄂尔多斯高原，机动性较强的骑兵直接威胁着秦关中腹心地区的安全。于是，秦始皇派大将蒙恬带领三十万人的庞大军队向北驱逐匈奴，夺回了黄河以南的广大地区，秦政府在这些地区分设了四十四个县，建置了九原郡，并且修筑了几十座城堡作为防御工事。此后，匈奴不敢大规模进犯，但仍偷袭骚扰。为了巩固北部边境，始皇三十三年（公元前 214 年），蒙恬和另一位大将杨翁子领军渡过黄河，占据阴山，断断续续地向北推进，在所收复地区又增设了三十四个县。秦政府还用“谪戍”的办法，迁内地人民三万户移居河北（今内蒙古、宁夏一带）新建的边县地区，开垦土地，守卫边城。蒙恬、杨翁子统领数十万军民首先对新收复的沿黄河一线的赵长城进行修葺、补筑。

始皇三十四年（公元前 213 年），声势浩大的长城修筑工程全面展开。蒙恬等人受命率士兵和役夫、刑徒约五十万修筑长城，他们充分利用山河的自然之险，根据地形走势筑城，有些地段利用战国时秦、赵、燕三国设在北部边境的旧有长城进行延补，有些地段则随着秦国新开拓的疆域向北推进，修筑新城，并且在险要之处设置了一个个的屯兵要塞。

为了修长城，秦政府几乎把整个国家的人力物力都动员起来了，一队队的役夫被迫赶赴边疆，一辆辆装满粮食的小车被推着向北行进。在东西长达万余里的长城沿线，到处是开山凿石、肩挑畜拉、打夯砌砖的场景，工程一直持续到冬季土冻。转年春天，长城修筑工程再度全面铺开。秦始皇的长公子扶苏也被派到上郡（今陕西绥德）和蒙恬等一起主持工程建设。

这样，经过了多年极其艰苦的努力，我国历史上最伟大的工程——万里长城终于建成了。秦长城西起临洮，东到辽东，绵延万里，雄踞于祖国的北方。至今在陕西、甘肃、内蒙古、宁夏、河北、辽宁、吉林等地，还能找到秦代长城的某些遗迹，有些残存的土垣还有五六米高，断层清晰可辨。

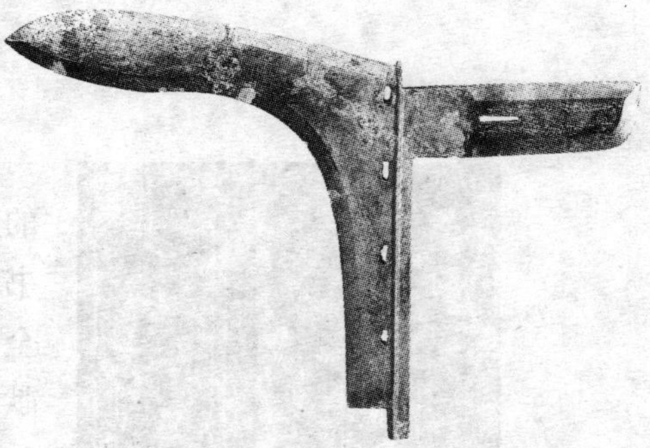
秦军青铜戈

万里长城的修筑，固然是以万千劳动人民付出了辛勤劳动和无数生命为代价的，秦始皇残暴地不切实际地滥用民力也应予批判，但长城对于防御匈奴侵扰、巩固国家统一又的确起到了积极的作用。长城不仅是人类建筑史上的伟大奇迹，而且两千多年来一直成为中华民族伟大精神的象征。

书生的命运
——焚书坑儒

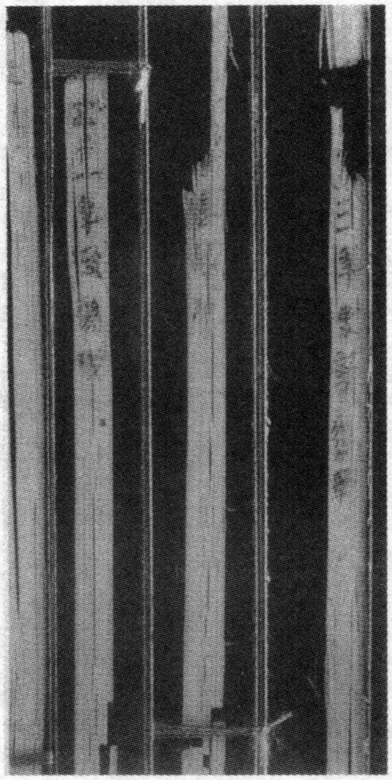

秦代残简

秦始皇三十四年（公元前 213 年）的某一天，在秦都咸阳的广场上燃起了焚书的烈火。这样的焚书之火，很快蔓延到全国各郡。大火中，秦以前的中国古典文献，除自然科学（医药、种树）及神学（卜筮）文献以外，全部化作黑灰。第二年，服务于秦政府的文化机关中的诸生，又有四百六十余人被活埋，七百余人被屠杀，无数的人被流放到边远荒僻的地区。这两件事，在历史上合称为“焚书坑儒”。

秦始皇灭六国统一天下后，采取了一系列加强统治的措施：首先是建立郡县制度，郡有叫作材官的军队负责维护地方治安；其次是对乡村农民继续实行什伍连坐法，并禁止了农民传统的冬季军事训练；三是收缴百姓手中的兵器，集中至咸阳进行了销毁；四是迁徙六国豪富于咸阳，集中管治。这些在社会领域进行的措施似乎已经很完善了，接下来，该是在意识形态领域动手术的时候了。新政府要想从根本上巩固统治，就必须肃清隐藏在政府机构中的残余旧贵族及其代表，以及作为其政治指导思想的旧文化。

始皇三十四年（公元前 213 年），秦始皇在咸阳宫举行宫廷盛宴，高级官吏都在召宴之列。七十位博士首先向始皇致敬、祝寿，表示他们的忠顺。当时仆射周青臣致颂词说："以前秦国的土地不超过千里，幸亏仰仗着陛下的神武圣明，平定了天下，驱逐了蛮夷，凡是日月所照耀到的地方，没有不臣服的人。把各诸侯国改置为郡县，每个人都安居乐业，没有战争的危害，和平可以保持万代。从上古以来没有谁能比得上陛下的威力和盛德。"这段颂词，表面上恭维始皇，实际上是对投降的旧贵族的尖刻嘲讽。因为他所赞颂的正是秦始皇吞并六国，消灭旧贵族的功绩。

博士们听后，都感到十分羞愧，于是其中一位来自齐国的博士淳于越针对周青臣的讽刺作了一番回答。他说："臣下听说殷朝、周期统治一千多年，分封子弟和功臣作为臂膀辅翼。现在陛下统治着全天下，但子弟们却还是平民百姓，如突然出现田常、晋国六卿篡权夺位的祸患，朝廷大臣中又没人能够辅佐时，将依靠什么来解除危机呢？不学习古代的统治经验而能够长期存在的政权，我还没有听说过。现在周青臣等人又当着您的面阿谀奉承，以加重陛下的过错，不是忠臣啊！"这一段话，实质上是对郡县制度的批判，试图从始皇个人利害关系的角度说服始皇，恢复旧政治制度。

秦始皇果然有所犹豫了，他把淳于越的建议交群臣讨论。丞相李斯上书说："五帝的制度不是一代重复一代，夏、商、周三朝的制度也不是一代因袭一代，都是以各自不同的方式进行治理。这并不是他们故意要彼此相反，而是由于时代形势变化了，情况不同了，现在陛下创成了大业，建立起万世不朽的丰功伟绩，这本来就不是这些愚钝的儒生们所能理解的。况且淳于越所讲的是夏、商、周三代的事情，哪里还值得效法呢？以前诸侯并起纷争，用厚赏大量招纳游学之士。现在天下已平定，法令出自陛下一人，百姓在家就应该致力于农业和手工业生产，读书人就应该学习法令刑禁。现在儒生们不学习当今的学问而学习古代的学问，以此来否定今天的社会，迷惑扰乱百姓的思想。所以，我李斯冒死罪进言：古时候天下分散混乱，没有人能够统一天下，就是因为各诸侯国并立，有人称颂古代以否定当代，修饰一些虚夸不实的文辞来扰乱社会现实，人们都认为自己学派的理论最好，用它来否定皇上的新政策、新法令。现在不同了，陛下您统一了天下，分辨了黑白曲直而使全国都尊崇皇帝一人。但是，原先那些私家学派却聚在一起批评朝廷的法令制度，一听说国家法令颁布下来，就立即以各自学派的观点来议论它，回家时心中不满，出门后则在街头巷尾议论纷纷，用褒贬君主来博得名声，发表与朝廷不同的看法来显示清高，煽动下层民众来制造流言诽谤。像这样下去而不加以禁止，那么在上面君主的权威就要下降，在下面就会结成许多党派，所以，最好明令加以禁止。臣下请求陛下同意，把除记载秦国历史以外的典籍全部焚烧掉；把除博士官所掌管的以外的，天下人私自收藏的《诗》《书》和诸子百家著作都送到郡守、郡尉处一起毁掉。有敢于谈论《诗》《书》的斩首示众，以古代否定当代的人连族诛灭。官吏如果知道而不举报，同样治罪。命令颁布三十天后还有人不烧书的，罚他在脸上刺字并做筑城苦役发配边疆。不在清除之列的，是医药、占卜、农艺等方面的书。如果有人想学习政治法令，可以请官吏作为老师。”

坑儒焚书

在李斯看来，这些终日诵读孔子之书的诸生，是一群动荡人心的政治反对派。为了绝灭这种复古思想的传播，李斯主张焚烧一切作为这种思想渊源的古典文献，而对于与思想无关的书籍，实际上允许其流传。

当下，秦始皇批准了李斯的建议。第二天，在各郡县到处点燃了焚书的大火。不到三十天，秦代以前的许多古典文献都化为灰烬。留下来的只有皇家图书馆内的一套藏书（这些书毁于七年后，即公元前 206 年项羽火烧咸阳之役）。

“焚书”事后，怀有复古思想的旧贵族、旧文人依然在政府机构中掌管着文化事业，而且经常散布对秦政权的不满情绪。为了肃清这些政治反对派，秦始皇又制造了“坑儒”的惨剧。

始皇三十五年（公元前212年），为秦所用的旧贵族文人方士中的侯生、卢生两人看到当时的政治日益倾向于专制与独裁，预感到或许以后会有更严重的事情发生，就在一起谋划说：“始皇的为人，天性凶狠残暴而刚愎自用，他出身诸侯，兼并了天下，踌躇满志，为所欲为，认为从古到今没有人比得上他。他专门任用治狱的官吏，狱吏们都受亲近和宠幸，博士虽然也有七十人，但只不过是虚设充数的备员，不被重用。丞相和各位大臣都只是接受决定的命令办事，决策权在皇上那里。皇上喜欢用重刑杀戮树立权威，官吏们都害怕获罪，想保住俸禄地位，所以没有人敢于真正尽忠尽智。皇上由于听不到自己的过错而日益骄横，臣下小心翼翼地靠着说谎话过日子。秦国法令规定，一名方士不能同时上呈两种处方，如果处方试一次不应验，就要处死。主掌占候星象云气以测吉凶的人有三百，都是有学问的人，然而由于害怕触犯皇帝忌讳，不敢公开指出皇帝的过失。天下的事无论大小都由皇帝决定，始皇甚至用秤来称下面报来的奏牍，日夜都有定额，阅读不够一石重就不休息。作为皇帝，他贪图权势到这个地步，咱们不能再替他去寻找仙药了。”于是，相约一起逃跑了。

消息传到了皇宫中，秦始皇非常生气，拍案大骂道：“我前些日子收缴了天下的书籍，不适用的都烧掉了；征召了大批文学、方术之士，想让他们振兴太平盛世。方士们说可以炼造仙丹寻找奇药，可现在一去不返。徐市等人花费了的钱财数以万计，最终也没找到仙药，只是常常听到他们非法谋利的消息。对卢生等方士，我给他们的赏赐十分优厚，如今竟然诽谤我，企图以诬陷来加重我的无德。在咸阳的各地儒生、方士，我派人悄悄察访过，有的人竟然妖言惑众，扰乱民心。”他下令由御史们搜捕可疑的诸生进行拷问。诸生被迫互相告发，触犯禁令的共有四百六十余人。御史们命人在咸阳城外挖下大土坑，将这些儒生全部活埋了，并布告天下，今后有敢妖言煽动是非的，严惩不贷；同时，将其余有过失的诸生发配北边，中途因饥寒病累而死者很多。

秦始皇的长公子扶苏有些看不下去了，向始皇进谏说：“天下刚刚平定，远方的百姓还没有安抚好，儒生们都是些诵读诗书效法孔子的学者，现在您一律用重法制裁他们，儿臣担心天下将会因此而不安定。希望皇上认真考虑。”这句话本来出自善意，说得也很得体，但秦始皇听后却很不高兴，命令扶苏远离咸阳到北边去做蒙恬部队的监军，不愿他留在身边。

这四百六十几个诸生，在当时的秦政府看来，都是些死有余辜的政治反对派，但是实际上他们都是当时最有学问的知识分子。他们被活埋，是中国文化的一个大损失。然而，悲剧却并未因此停演，在这次大活埋、大流徙之后，秦王朝对于旧贵族、旧文人，接着又有了第二次、第三次的大屠杀。秦始皇后来又命令人假装冬季在骊山上种瓜，果实“生”出后，命博士、诸生们前往观看，事先埋伏了大批武士，待博士诸生来到后包围杀害，共有七百多人遇难。

秦二世统治时，曾召集博士诸生商议应对陈胜、吴广起义之事，在朝廷上下令处死了数十名持有不同政见的博士诸生。秦始皇和二世皇帝都是这样将为其所用的旧贵族文人视作敌人，用莫须有的罪名进行消灭。

焚书坑儒是秦政府企图对过去的文化思想作一次彻底清算，然后从批判中建立一种新的文化思想体系的措施。但是，焚书坑儒客观上只是对旧文化进行了摧残，而没有达到建立新文化的目的。

焚书坑儒

山里面是不是住着神仙
——惑于方士

秦始皇兼并六国，一跃成为统治华夏大地的皇帝。随着疆土的扩展、地位的独尊，他心中的权威感和权力欲望迅速膨胀，自大、至尊以及渴求永远享受生命的意念也在不断升腾，于是他从迷信方士神仙之说发展到竭力寻求神仙长生不老之药。

阿房宫

神仙之说，起源于战国时代。战国末期齐国的哲学家、阴阳学派的代表人物邹衍，把流行于春秋战国时代的“五行”说附会到社会历史变动和王朝兴替上，提出了“五德终始”说，成为许多人信奉的理论，并得到当时一些诸侯国王的赞赏。邹衍的学说主要盛行在燕国、齐国等东部沿海地区，信奉邹学的是一批特殊的知识人士，他们后来进一步扩展理论，把研究的方向转向神仙鬼怪之事，形成了一个叫作“方士”的文化人群体，而且人数逐渐增多，纷纷利用神鬼之学来钻营谋利。

统一六国之前的秦始皇是不信神鬼之说的。到了他兼并六国，称皇帝，确定相应制度时，采用了来自齐国的博士诸生的建议，用邹衍金、木、水、火、土五德终始学说推演，认为周朝是火德，秦替周，应是水德，便下令开始执行水德。此时，秦始皇接受了阴阳之说。

秦始皇听信方士神仙之说欲求奇药，是在始皇二十八年（公元前 219 年）泰山封禅完毕后。始皇大队车马来到琅邪，修筑琅邪台以观东海。始皇深深地为大海烟波浩渺的茫茫景色所吸引，流连忘返。于是，齐国方士徐市等人纷纷上书陈说神仙之事。他们讲："渤海中有蓬莱、方丈、瀛洲三座神山，距离海岸不远。自从齐威王、宣王及燕昭王以后，屡屡有人到海上寻找这三座神山，但神仙不愿外人接近，每每船到岛边就被风吹走了。不过，还是有人曾经到达了，见到了各位仙人和长生不死药，而且岛上动物以及许多东西都是白色的，宫殿是用黄金和白银做成的。船没到神山跟前时，远远望上去神山像是飘浮的云彩；等到靠近了，三座神山反而都在水中。船将靠岸，却被突如其来的大风吹走了，所以最终没能登上神山，但是齐、燕两国的国君仍然乐于不断寻找。"各家方士众口一词，描述得一个更比一个形象、逼真，甚至有人请求始皇亲自乘船出海登临神山。此时的始皇已认定自己是上天之子，他望着变幻莫测的大海，不由得相信了神仙的存在，渴望能得到长生不死药。

始皇起初真想自己去访寻神山，但又怕接近神山却被风吹得上不了岸。于是，他听取了徐市的意见，自己留在海边祭祀名山大川和传说中的八位神将，派徐市率领船队，载着数千名男女儿童出发，去寻找蓬莱、方丈、瀛洲三座神山，拜问住在岛上的羡门、高誓、宋毋忌、正伯侨等古仙人，求赐神药。

第二年，始皇再次东游之罘（今山东烟台北）、琅邪，仍没有人为他寻得仙人仙药。

始皇三十二年（公元前 215 年），秦始皇改道前往渤海西北岸边的碣石观沧海，派遣燕人卢生率船出海寻找仙人羡门、高誓，同时又派出方士韩终、侯公、石生去寻求仙人的长生不死药。由于派出的方士一直没有送来好消息，始皇这时生了疑心，特地召见从海上回来的方士，询察真伪，还惩处了几个没有应验诺言的方士。卢生从海上一无所获而归，听说始皇要见他，吓得魂不附体，惊慌中想了一个主意，他制作了一份阴阳图谶，参见始皇时，讲了些神鬼的故事，而后拿出编制的图谶，说是海上仙人所赐，上面写着"亡秦者胡也"。始皇一见，大为吃惊。"胡"是当时人们对北方少数民族的称谓，恰恰在始皇之时北边的匈奴族强盛起来，占据了黄河河套地区，势力到达今天的陕西省西、北部一带，直接威胁着秦国国都咸阳的安全。始皇依照仙人指点，立即发布命令，派将军蒙恬发兵三十万北击匈奴，收取了河套一带地区，屯兵上郡，防备匈奴南下入侵。

始皇三十五年（公元前212年），卢生觐见秦始皇说："臣等入海寻找灵芝奇药，但常常遇不见神仙，大概是因为有什么东西妨害着神仙出现。陛下应微服出行躲避恶鬼，只有陛下彻底避开了恶鬼，真人才会来到。陛下所居的地方，人臣都知晓，这妨碍神仙的出现。所谓'真人'，他们进水里衣服不湿，进火中不会被烧，在云气之上，与天地共存。现在皇上您忙于治理天下，不能恬静、淡泊处世。希望您所居住的宫殿不要让外人知道，然后不死之药大概可以得到。"始皇听后，如痴如醉，对卢生和侍臣说："我很羡慕真人，今后我自称'真人'，不再称'朕'。"于是，下令将咸阳城外二百里内的二百七十座宫殿用甬道、复道连接，充斥以钟鼓、帷帐、美人等，始皇不时更变住所，行幸的地方，如果有人向外说出，即是死罪。有一天，始皇行幸梁山宫，从山上远远望见大路上行进着一支庞大的车骑队伍，始皇问身边的宦官是谁的车队，回

秦车马

答说是丞相的，始皇表示十分不满。事后，一名宦官将此事告诉丞相，丞相立即减损了车骑数量。始皇得知丞相削减了车骑，大为恼怒，认为必定是那天在他身边的宦官泄露了消息，下令逮捕所有当时在场的宦官，全部杀了。从此之后，大臣们再没有人知道皇帝居住的地方了。只有朝会时，始皇才到咸阳宫裁决政事，向大臣交付任务。

方士卢生和韩人侯生见始皇真的做到了远离众人，便着急起来，担心始皇

忽然召见询问何以神仙仍不降临，于是两人悄悄逃离了关中。始皇闻讯，大发雷霆，下令坑杀了四百六十多名犯有妖言惑众罪的诸生，将大批儒生谪发边地。

方士的许诺没有得到应验，但始皇脑海中的成仙愿望却有增无减。秦始皇三十六年（公元前211年），东郡（今河南濮阳西）落下一块陨石，有人在上刻字“始皇帝死而地分”。始皇派御史前去查究，无结果，遂尽杀附近居民，用火烧掉了陨石。为此事，始皇许多天闷闷不乐，命令博士为他作《仙真人诗》，派人交给各地乐人演奏传唱。又有一天，有人奉归始皇二十八年（公元前219年）巡渡长江时投入江中的玉璧，并说“今年祖龙死”。始皇深感不安，令人对此事占卜，得卦是游徙可以避灾求吉。于是他命令迁徙三万户百姓到北部边疆，同时决定再次到东南沿海游巡，寻找仙人仙药。

第二年岁首，始皇带着庞大的车队出发，到达会稽山（在今浙江绍兴），登山观东海，而后沿海岸线北上，到达琅邪、之罘。仍在海边寻仙的方士徐市等人因几年来花了巨额钱财，多次入海一无所获，害怕始皇惩处，撒谎说：“蓬莱山的仙药能够得到，但往往船被大鱼所扰，所以没能上去，请求陛下派遣善射武士同往，遇见大鱼则用连弩射击。”始皇夜梦与海神打仗，海神长得如人状，醒后问随行的齐国博士，博士回答说：“水神是看不见的，大鱼蛟龙是他的军将。现在陛下尊敬、祭祀山川海神却仍有这样的恶神，只有除去恶神，善神才能来到。”始皇于是命令入海的人在船上带上捕捉大鱼的工具，而自己乘船使用连弩准备射杀大鱼，在之罘竟真的射杀了一条大鱼。

大鱼虽然射死了，可还是连个神仙的影子都没见着，绝望中，始皇无可奈何地宣布西行回家。满身疲惫，一肚怏怏，始皇心力交瘁，当车队行至半途便病死了。

不可一世的专制君主，就这样因为几个方士的谎言，整整十年苦苦追求仙药，至死也不觉悟。

小地方发生大事件
——沙丘之变

沙丘之变是秦王朝的政治统治由盛变衰的重要转折点之一。

沙丘之变的序幕是从秦始皇最后一次出巡开始的，这次出巡的开始时间是始皇三十七年（公元前210年）十月癸丑日。当时右丞相冯去疾留守京城咸阳，随同始皇前往的有左丞相李斯、上卿蒙毅和中车府令兼符玺令赵高等。秦始皇有二十多个儿子，皇位的当然继承人长子扶苏因直言劝谏，惹得秦始皇不高兴，因而被派到上郡去做蒙恬戍边部队的监军。小儿子胡亥很受宠爱，想去巡游，要求跟随同行，始皇答应了他。其他的皇子都没有跟着去。

秦始皇这次从咸阳出发，出武关，沿丹水、汉水流域至湖北云梦，又沿长江东下到达会稽山，然后渡江到达琅邪，车驾行至平原津（今山东平原古黄河渡口）秦始皇就得了重病。出于极端的迷信，始皇派蒙毅沿原路转回祷告山川神灵，祈求保佑。

在继续行进途中，始皇的病逐渐加重，但他一直想长生不老，讨厌说“死”这个字，群臣没有一个人敢对秦始皇说死的事情。然而事实无情，始皇的病势有增无减，越来越重，他自己预感到活不了多久，临死前仍想传皇位给扶苏，于是留下一封加盖了御印的遗诏，令公子扶苏“把军队交给蒙恬管理，赶快到咸阳来参加葬礼，然后安葬”。信已封好，只差派使者送出去了。

始皇行至沙丘平台时，病情突然恶化而死。这时，蒙毅尚未返回，遗诏和印玺都在中车府令赵高的手里。只有小儿子胡亥、丞相李斯和赵高以及五六个曾受宠幸的宦官知道秦始皇死了，其余群臣都不知道。丞相李斯认为皇帝在外地去世，又没有正式确立太子，担心贸然宣布皇子们和全国其他地方会出现变故，引起动乱，所以对此事保守秘密，不发布丧事消息。他们把始皇的尸体放置在一辆既能保温又能通风的车中，让过去受始皇宠幸的宦官陪乘，每走到适当的地方，就像以前一样照常献上饮食，百官也像平常一样向皇上奏事，宦官就在车中假托皇帝降诏批签。

赵高过去曾当过胡亥的老师，教胡亥写字以及狱律法令等知识，胡亥很喜欢他。而赵高同蒙毅曾有过很深的怨恨。有一次赵高犯了大罪，秦始皇让蒙毅依照法律审讯他。蒙毅依律判处赵高死刑，剥夺他的官籍。但始皇却认为赵高办事勤勉尽力，又下令赦免了他，并恢复了他原来的官职。因此赵高一直仇恨蒙毅，伺机报复。这时看到有空子可钻，赵高就趁机进行阴谋活动，他扣留了秦始皇赐给扶苏的诏书，暗中对公子胡亥说："现在皇上去世了，没有留下封诸位皇子为王的诏书而只赐给长公子扶苏一封诏书。长公子回来后，就要即位当皇帝，而您却连尺寸的封地也没有，这怎么办呢？"

胡亥回答说："本来就是这样。我听说过，圣明的国君最了解臣子，圣明的父亲最了解儿子。父亲已经死了，既然没有留下分封诸位皇子的诏书，那还有什么可说的呢？"

赵高又煽动说："不是这样的。当今天下的主动权掌握在您和我赵高以及丞相的手中，希望您能好好考虑决定。更何况驾驭群臣和向人称臣、统治别人和被别人统治，难道是可以同日而语的吗？"

秦始皇出行专用车

胡亥还是有些犹豫说："废掉兄长而立弟弟，这是不义啊！不服从父亲的遗诏而畏惧死亡，这是不孝啊！自己才能浅薄，依靠别人帮助而勉强继承皇位，这是无能啊！这三种做法都是大逆不道的，天下的人也不会服从，我自身要遭受祸殃，国家也要被毁灭。"

赵高说："臣下听说商汤、周武杀死他的君主，天下的人都称赞为义举，不能算不忠的行为；卫国的国君杀死他的父亲，而卫国人却都称颂他的功德，孔子也记载了这件事，不能算不孝的举动。何况做大事的人不能拘于小节，积大德的人不能过于谦虚，每个地方各有各的风俗习惯，每个官员各有各的工作方法。如果顾忌小事而忘了大事，以后必然有祸害；关键时候犹豫不决，以后必然要后悔。果断而大胆地去行动，连鬼神都要回避，以后一定能够成功。希望您按我说的做。”

胡亥沉重地长叹一声说：“现在先王去世没有发丧，丧礼也没有举行，怎么好用这件事去干扰丞相呢?”

赵高说：“时机稍纵即逝，来不及详细谋划！我就像背着干粮骑着快马一样，就怕耽误了时机!”

在赵高的策划和怂恿下，胡亥同意了他的建议。接着赵高又提出：“如果不同丞相商议，恐怕这件事还不能成功，臣下请求替您去同丞相商议。”

于是，赵高代表胡亥来拉拢丞相李斯，他说：“皇上去世，赐给长公子扶苏一封诏书，命他赶到咸阳参加丧礼并立他为皇位继承人。诏书还没有送走。现在皇上已经死了，没有人知道这件事。赐给长公子的诏书以及兵符印玺全都在胡亥的住所，确定谁当太子只在于先生您和赵高我的一句话而已。您看这件事该怎么办?”

李斯说：“你怎么能说出这种亡国的话！这可不是做人臣的所应当议论的事啊!”

赵高说：“先生自己估计一下才能是否比得过蒙恬？功绩显著是否比得过蒙恬？深谋远虑而不失误是否比得过蒙恬?”

李斯说：“这三个方面我都比不上蒙恬，但您对我的要求为什么这样苛刻呢?”

赵高说：“我赵高本来是一个被施以宫刑的奴仆，有幸凭着熟悉狱法文书进入秦国皇宫，参与各种政事二十多年了，从来没有见到过被秦王罢免的丞相和功臣能够将封爵传给下一代的，他们的结果都是以被杀而告终。先皇帝有二十多个儿子，这些都是您所知道的。长公子扶苏刚毅而且勇武过人，信任手下的人而又善于激励武士，他即皇位以后必然会起用蒙恬为丞相，先生您最终也不能怀揣通侯的印退职归乡了，这是明摆着的。我赵高受先皇帝的诏令教胡亥学习，让他学法律已经好几年了，从没见他犯过什么错误。他慈悲仁爱又老实厚道，轻视钱财又尊重士人，内心聪慧而不夸夸其谈，竭尽礼节而敬重贤士，秦国的诸位公子中没有人比得上他，可以立为皇位继承人。请您考虑好再定夺。”

李斯说：“您还是回去吧！我李斯只奉行先主的诏令，自己的命运听从上天的安排，有什么可考虑定夺的呢?”

赵高说："平安可能隐藏着危险，危险也可能转化为平安。在安危转换的紧要关头不早作决定，又怎么能算是圣明的人呢？"

李斯说："我李斯，本是上蔡街巷里的平民百姓，承蒙皇上提拔让我当上丞相，封为通侯，子孙都得到了尊贵的地位和优厚的待遇，因此先皇帝才把国家存亡安危的重任托给了我，我怎么可以辜负他的重托呢？为人臣的各守各的职分就可以了。您不要再多说了，别让我李斯也跟着犯罪。"

赵高说："我似乎听说圣人并不循规蹈矩，而是适应变化顺应潮流，看到表面情况就能知道本质的东西，看到一点迹象就能知道最终的结局。事物本来就是这个样子，哪有什么一成不变的道理呢？如今天下的权力和命运都掌握在胡亥手中，我赵高能够实现自己的志向了。况且从外地抵制朝廷的政策就可以称为捣乱，从下面抵制皇上的命令就可以称为反叛。所以秋天一降霜雪就会花草凋落，春天冰消雪化就会万物更生，这是自然界必然的结果。您为什么连这些也不能理解？"

李斯说："我听说晋国撤换太子，国家三世不得安宁；齐桓公兄弟争夺王位，当哥哥的被杀死；商纣王杀害自己的亲戚，又不听人劝谏，国都被夷为废墟，社稷也没保住。这三件事都违背天意，所以才落得宗庙没人祭祀的下场。我李斯现在还是个人，怎么能参与这些阴谋呢？"

赵高说："上下同心协力，事业就可以长久不败；内外像一个人那样密切配合，事情就不会有差错。您如果听从了我的计策，就能长期保住通侯的封号，而且可以世代相传，那您就一定同乔松一样长寿，同孔子、墨子一样聪明。现在您放弃这个机会而不听从我的计策，一定会祸及子孙，这太让人寒心了。善于为人处世的人能转祸为福，您可要想好怎么办啊！"

在赵高的一再怂恿和威胁利诱下，李斯终于屈服了，他流着眼泪仰天长叹说："哎呀！偏偏遭逢乱世，既然不能以死尽忠，那向什么地方寄托我的命运呢！"

始皇病死沙丘

于是赵高与胡亥、李斯一起策划，他们秘密换掉了始皇赐给公子扶苏的那封已封好的诏书，对外谎称李斯在沙丘接受了始皇的遗诏，立胡亥为太子，又伪造了一封给长公子扶苏的诏书，列举扶苏、蒙恬的罪状说："我巡视天下，祈祷各地名山大川的神灵保佑以延长寿命。现在扶苏和将军蒙恬带领几十万军队驻守边疆，已经十年多了，不能向前推进，士兵却伤亡很多，没有立下一点功劳，反而几次上书直接诽谤我的所作所为，扶苏因为不能解职回来当太子，日夜怨恨不满。他作为儿子而不孝顺，赐给他剑用来自杀吧！将军蒙恬和扶苏一起在外边驻守，不能纠正他的错误，也应该知道他的想法，作为大臣而不尽忠，也赐他同时自杀吧，把军队指挥权交给副将王离。"他们把诏书封好后盖上皇帝的玉玺，派遣胡亥的门人捧着这封假诏书到上郡交给扶苏，再派李斯手下的人为监军去夺蒙恬的军权。

为了等待使者回来报告扶苏和蒙恬的消息，他们的出巡车队故意从北边转了一大圈，从井陉绕道九原郡再向咸阳折回。这时正赶上天气炎热，秦始皇的尸体虽然在车中，但已腐烂，散发出难闻的气味，赵高等人为了掩人耳目，就下令随从的官吏往车里装一石有腥臭气的鲍鱼，让人们分不清尸臭和鱼臭。因为秦始皇平时性格乖戾，随行的官吏们没有人敢表示怀疑。

远在千里之外的扶苏、蒙恬，事先因信息不通，没有充分的思想准备。事发以后，扶苏毫无主见，对胡亥使者送来的伪诏深信不疑，大哭起来，进入内室，想马上自杀。蒙恬则表示怀疑并劝阻扶苏说："陛下在外地，没有立太子，派臣下带领三十万大军守卫边疆，公子您担任监军，这是关系到天下安危的重任啊！现在只有一个使者来，您就立即自杀，怎么知道这其中没有奸诈呢？希望您再请示一下，有了明确答复后再死也不晚。"但使者紧逼不放，连连催促。扶苏为人仁厚，对蒙恬说："父亲命令儿子去死，还有什么可请示的！"还是自杀而死了。蒙恬不肯自杀，却也不能扭转局面了。秦代实行的监军制度使蒙恬平时并没有调动军队的全权，而且戍边军中的一些将领如王离等人事先已被收买，所以使者很轻易地把蒙恬抓了起来，转移到阳周关押。

胡亥听到扶苏已经死了的消息，当下就想放掉蒙恬。但赵高不仅怨恨蒙恬兄弟，而且认为他们是自己篡权的最大障碍，想借机把他们铲除掉。这时蒙毅祈祷山川神灵后刚刚赶回来，胡亥听从了赵高的挑拨，就在代郡把蒙毅也囚禁起来。

政变成功，胡亥、李斯、赵高都非常高兴。他们带着秦始皇的灵车快速行进，从直道赶回咸阳，发布治丧的公告。安葬完始皇以后，太子胡亥就继承皇位做了二世皇帝。赵高被任命为郎中令，常在皇宫中服侍皇帝，掌握实权。

胡亥、赵高等人通过阴谋政变上台以后，先后杀害了蒙恬兄弟以及一大批先朝大臣和公子，并实行严刑暴政，使得秦王朝的统治很快就摇摇欲坠了。

谁来守边疆

——蒙恬戍边

蒙恬是秦代一位杰出的戍边将领，他虽然是世袭为将的，但在长期的军事实践中，确实表现出了极为卓越的军事才能。在他的指挥下，秦政府不仅收复了河套一带广大地区，而且把匈奴的势力赶到了塞外。万里长城的修建，固然是以万千劳动人民付出了辛勤的劳动和无数的生命为代价的，但是蒙恬作为这项宏伟工程的主持者，能够根据地势起伏、山脉的自然走向指挥修筑，对于长城的建成，在一定程度上起到了积极的历史作用。

蒙恬，祖上是齐国人，大约生于秦王嬴政即位前后，死于公元前210年。他的祖父蒙骜由齐国人秦为将，因屡立战功，官做到上卿。蒙恬的父亲名叫蒙武，也是一位著名将领，在秦始皇二十三年（公元前224年）曾和王翦一起攻打楚国，大败楚军，杀死了楚将项燕。第二年，蒙武又率军进攻楚国，俘虏了楚王。他在后来南征百越等重要战役中，也都立有战功。

秦始皇二十六年（公元前221年），蒙恬由于出身将门得以世袭做了秦国的将军，并且参加了统一战争中的最后一次战役，率兵进攻齐国，大败齐军，被授予内史的官职。

秦兼并天下，建立起帝国以后，蒙恬得到了进一步的重用。当时，在蒙古高原一带过着游牧生活的匈奴贵族经常带领骑兵南下，掠夺内地的人畜和财物，聚居在辽河、老哈河、西拉木伦河一带的胡人也不断袭扰边境，这对初建的秦王朝威胁甚大。为了解除后顾之忧，巩固北部边境，秦始皇派蒙恬带领三十万人的庞大军队向北驱逐匈奴，他们长驱直人，横扫塞北，夺回了黄河以南的广大地区，秦政府在这些地区分设了四十四个郡县，并且建筑了几十座城堡。蒙恬还同另一位大将杨翁子一起领军征讨，在西边控制了流沙一带，在北边打到辽河流域，在东边与朝鲜建立了结盟关系。

此后相当长一段时间，匈奴和胡人不敢大规模进犯，但仍有偷袭骚扰。为了加强防范，蒙恬受命率士兵和役夫、刑徒约五十万人修筑长城。经过多年艰苦的努力，终于在原秦、赵、燕三国修筑的北方边城的基础上，筑起一条西起临洮，东到辽东，绵延一万多里的长城，创造了世界历史上的一大奇迹。在此之后，蒙恬继续领兵戍边，打击匈奴贵族，渡过黄河，占据阴山，断断续续地向北推进。秦在所收复地区又增设了三十四个县。始皇三十三年（公元前214年），秦政府还迁内地人民三万户移居河北地区（今内蒙古、宁夏一带）。蒙恬率领大军饱经狂风烈日、雨雪寒霜，在外戍边十余年，声威震慑匈奴。

秦始皇的长公子扶苏因对始皇和李斯等人所施行的某些政策持不同意见，几次上书议论时政，惹得始皇很不高兴，因而被迫远离咸阳，到蒙恬部队中做监军。秦始皇特别尊崇蒙氏，对他们非常信任和赏识，因而亲近蒙恬的弟弟蒙毅，提拔他做到上卿的职位，外出时就陪同秦始皇一起乘车，入朝时就侍奉在

秦始皇一号兵马俑坑前锋军阵队列

皇上跟前，常随左右，执掌机要。蒙恬在外担负军事重任，蒙毅经常在朝中出谋划策，被誉为忠信大臣，其他的文臣武将没有人敢与他们争宠。蒙恬兄弟地位之显赫，甚至使丞相李斯也暗自担心受到威胁，蒙恬手握重兵并同对李斯有一定看法的扶苏在一起，更使李斯常怀顾忌。而此前，蒙毅也因执法不阿，得罪了中车府令赵高。

秦始皇曾多次出巡，始皇三十五年（公元前212年），他又打算巡游天下，路经九原郡，直接到达甘泉宫。始皇试图开辟一条新路，就派蒙恬负责指挥打通山脉，填平深谷，修路架桥。但从九原郡到甘泉有一千八百里远，工程浩

大，一时没能修好。

始皇三十七年（公元前210年）冬，秦始皇第五次也是最后一次出巡，跟随同行的有始皇最喜爱的第十八子胡亥，以及李斯、赵高等人。始皇因途中劳顿，到平原津（今山东平原古黄河渡口）时就病倒了，行至沙丘平台（今河北广宗西北大平台）时病情突然恶化，临死前仍然想传位给扶苏，并对蒙恬托以重任。他留下遗诏，嘱扶苏“把军队交给蒙恬，赶快到咸阳参加葬礼，然后安葬”。但始皇死后，遗诏未能发出去。在赵高的策划和怂恿下，胡亥、李斯一起合谋篡改了始皇遗诏，他们一面派人将伪诏交给扶苏逼他自杀，一面派李斯的舍人为监军夺蒙恬的兵权，同时又收买了蒙恬的部将王离。扶苏见到诏书就大哭起来，想自杀。蒙恬劝阻他说：“陛下在外边，没有立下太子，让臣下指挥三十万大军守卫边疆，公子您担任监军，这是关系到全天下的重任啊。现在只是来了一个使者，您就立即自杀，怎么知道这其中没有奸诈呢？希望您再请示一下，有了明确答复后再死也不晚。”但在使者连连催促下，扶苏还是自杀了。蒙恬虽不肯自杀，使者也把他抓了起来，并押在阳周。

本来胡亥听说扶苏已经死了，就想放掉蒙恬，但赵高担心蒙氏再次显贵当权执政，必欲除之而后快。

当蒙毅赶回来时，赵高趁机献计表示对胡亥尽忠，想把蒙氏铲除掉，他挑拨说：“臣下听说先帝想选举贤能立您当太子很久了，而蒙毅劝阻说：‘不可以。’如果知道您贤能而反对册立，就是不忠诚而又蛊惑君主的行为啊。以臣下愚昧的意见，不如杀掉他。”胡亥听了赵高的话就下令把蒙毅囚禁在代郡。

胡亥返回咸阳自立为二世皇帝后，赵高更加得宠，他日日夜夜对蒙氏进行诬蔑诽谤，搜罗他们的罪过，检举弹劾他们。

秦二世的叔叔子婴不赞成杀掉蒙恬、蒙毅，进谏劝阻说：“臣下听说过去赵王迁杀掉了最好的大臣李牧而起用颜聚，燕王喜暗中采用荆轲的计谋而背弃同秦国的盟约，齐王建杀掉忠诚的大臣而改用后胜的政策。这三位国君，都是因为改变了传统规范而失掉国家并且殃及他们自身。现在的蒙氏，是秦国的大臣和谋士，而主上却想一下子抛弃他们，臣下内心认为是不可以的。臣下听说考虑事情草率的人不可以治理国家，独断专行自以为是的人不可以用来保全国君。诛杀忠诚的大臣而起用没有节操品行的人，那会使朝中的大臣们不再相信皇上，也会使在外边作战的士卒们涣散斗志，臣下内心认为不可以这样。”

但秦二世不听子婴的谏阻，派遣御史曲宫乘坐驿车前往代郡，杀害了蒙毅；又派人前往阳周，命令蒙恬说：“您的过错太多了，而您的弟弟蒙毅犯有重大罪行，依法要牵连到内史您。”

蒙恬还想向二世再申诉一下，对派来的使臣说：“自从我的先辈开始，为秦国累积大功，建立威信已经有三代了。现在臣下带领着三十多万军队，我虽然被囚禁起来了，但是我的势力足够背叛朝廷。然而我自己知道必死无疑却仍坚守节义，是因为不敢辱没祖上的教导，不敢忘记先主的恩宠。从前周成王刚刚即位，还不能完全脱离小儿的背带和布兜，周公姬旦背着成王接受群臣的朝见，终于平定了天下。到了成王得了重病很危险的时候，姬旦就剪下自己的指甲沉到黄河里，祈祷说：‘成王年幼没有见识，都是姬旦我当权执政。如果有罪过祸患，姬旦愿意承受惩罚。’并把这些祈祷的话书写下来收藏在档案馆里，这可以称得上是非常真诚可靠了。到了周成王能亲自治理国家时，有奸臣造谣说：‘周公旦想要发动叛乱已经很久了，大王如果不戒备，一定会发生大的变故。’成王听了很生气，周公旦被迫出逃跑到了楚国。当成王到档案馆里审阅档案时，发现了周公旦当年指甲沉河时的祷告书，就流着眼泪说：‘谁说周公旦想要发动叛乱呢?’于是杀掉了制造谣言的人而把周公旦请了回来。所以《周书》上说：‘一定要兼听各方面的意见并反复审察。’现在我蒙恬的宗族，世世代代没有二心，而事情竟然演变到今天这样的地步，这一定是奸臣在企图叛乱，从内部进谗言的缘故。周成王有了过失而能改正振作就使周朝终于兴旺昌盛；夏桀杀死了关龙逢、商纣杀死了王子比干而不思悔改，最终落得自己惨死、国家灭亡。因此臣下说有了过失可以改正振作，听人劝谏可以察觉醒悟，反复审察各方面的意见，是圣明的皇上的治国原则。臣下说的所有这些话，不是用来乞求免于惩罚的，而是要用忠心拼死进谏，希望陛下为万千民众着想而遵循正确的路线行事。”

将士俑

但使臣拒绝了他的请求，说：“我只接受诏令，不敢把将军您刚才所说的话讲给皇上听。”仍逼其自杀。蒙恬沉重地叹息说：“我对上天犯了什么罪，怎么竟然没有过错就要被处死呢?”过了许久，他才又慢慢地说:“我蒙恬的罪过的确是该死。起自临洮一直连接到辽东，修筑长城挖掘壕沟一万余里，在这其中能没有截断大地脉络的地方吗?这就是我蒙恬的罪过了。”于是吞下毒药自杀了。

蒙恬死后，被葬在今陕西绥德城附近的大理河畔。站在蒙恬墓前向东北眺望，大理河东岸城内雕阴山上有扶苏冢。绥德的百姓相传说，蒙恬生前治军有方，与所率士兵相处得很好，他被害死后，士兵们都怀念他，每人用衣襟盛一襟黄土，倒在他的坟堆上，这样居然堆起了一座黄土高山。

后人记述，蒙恬在戍边期间，还曾利用柘木以及鹿毛、羊毛、兔毛等对毛笔进行过改进。

蒙恬兄弟死后，秦二世、赵高等人又杀害了一大批先朝大臣，使得秦王朝内无贤臣、外无良将，统治集团内部的矛盾也越来越尖锐，终于在农民起义的打击下，很快地崩溃了。

鹿、马及其他

——指鹿为马

指鹿为马，即明明是一头鹿，却硬要说成是一匹马。这是一个历史典故，用以说明秦相赵高的凶恶霸道。

秦驰道

赵高本是赵国王族的远亲，后来进入秦国宫廷中，管理各种事务二十多年。赵高兄弟几个人，都是生下来就被阉割而成为宦者的，他的母亲也因为犯法曾被判处了刑罚，所以赵高是世代出身卑贱的人。秦王嬴政听说赵高很有能力，而且精通刑狱法令，就提拔他担任了中车府令。赵高曾当过公子胡亥的老师，教给胡亥决断讼案方面的知识。赵高字也写得很好，不仅教过胡亥，还曾与李斯、胡毋敬等同时著书讲授，以小篆字体写了《爰历》六章，被秦政府采用作为教材。

赵高由于担任中车府令兼符玺令，得以经常跟随在始皇左右。秦始皇最后一次出巡时，他也照例随同前往。当始皇病死在沙丘以后，赵高就趁机进行阴谋活动，他伪造了始皇给长公子扶苏和将军蒙恬的遗诏，勾结胡亥和丞相李斯等人，一起策划了政变，立胡亥做了二世皇帝，赵高自己则被任命为郎中令。

为了进一步篡夺权力，赵高极尽挑拨、陷害之能事，利用秦二世首先逼死了扶苏和蒙恬、蒙毅，接着又杀害了一批先朝大臣和公子、公主，最后则找借口除掉了朝廷重臣冯去疾、李斯、冯劫等人。此后，赵高被秦二世提升为中丞相，并加封安武侯。朝廷中无论大事小事都由赵高一个人决定，就连二世也被逐渐架空了。

赵高权势逼人，想要谋反，但又害怕群臣不服从他，就先设下计谋进行试探。二世三年（公元前207年）八月的一天，赵高带来一头鹿献给秦二世说："这是一匹马。"二世笑着说："丞相错了，这明明是鹿，为何说是马？"当场问左右的大臣，大臣们有的沉默，有的故意迎合赵高说是马，有的说是鹿。赵高后来就假借法律报复那些说是鹿的人。经过这件事以后，大臣们都很害怕赵高。

赵高以前多次说关东的"盗贼"成不了什么气候，但后来项羽的起义军在钜鹿城下俘虏了秦将王离等人并继续前进，章邯等人指挥的秦军多次败退，上书请求增援，燕、赵、齐、楚、韩、魏等国的人都自立了王，从函谷关往东的地区，几乎全部背叛了秦朝官吏而响应诸侯，各路诸侯都率领军队向西边进攻。刘邦带领几万人已经攻陷了武关，派人来跟赵高私下谈判。赵高担心二世知道了会生气，自己会受到诛杀惩处，就谎称有病不去朝见皇上。

不久，二世也听到了起义军日益逼近的消息，派人去责问赵高。赵高更加恐惧不安，暗中跟他的女婿咸阳令阎乐、弟弟赵成商量说："皇上不听我的建议，现在形势危急，他想要把罪责推给咱们家族。我想另立皇帝，改立公子子婴。子婴为人仁爱谦下，百姓们拥护他。"于是就收买了郎中令作为内应，谎称有大盗，命令阎乐召集官吏发兵追捕。阎乐带兵冲进望夷宫去，逼迫秦二世自杀了。

阎乐回去禀报了赵高，赵高就召来了所有的大臣和公子，把二世自杀身死的情况告诉了他们。他本想自己当皇帝，把玉玺拿来佩戴在自己身上，但身边的文武百官没有一个人拥戴他。他登上大殿时又恰好遇上地震，大殿好几次摇摇晃晃像要倒塌似的。赵高一方面迷信地认为上天不同意他做皇帝，另一方面也明白群臣是不会拥戴他即皇帝之位的，就对大家说："秦国本来是个诸侯国，始皇统治了全天下，所以称皇帝。现在六个诸侯国又各自立了王，秦国的地盘越来越小，却还保留着一个皇帝的空名，这不合适，应像过去一样称王才合适。"于是立秦始皇的弟弟子婴为秦王，把玉玺交给了他，并且按照平民的标准把二世草草埋葬在杜南宜春苑中。

罕见的秦代金怪兽

赵高立子婴当秦王，只是想利用他做傀儡。他先让子婴斋戒，到宗庙里去拜祖先，然后再正式即位。子婴很了解赵高的为人和用心，知道他早晚要作乱，就下决心除掉赵高。斋戒了五天以后，子婴跟他的两个儿子和宦官韩谈商议说：“丞相赵高在望夷宫杀了二世皇帝，害怕大臣们诛杀他，就假装按照道义立我为王。我听说赵高已经同楚国军队约定，灭掉秦宗室后让他在关中称王。现在他让我斋戒后去拜宗庙，这是想趁我到宗庙里去的时候杀害我。我推说生病不能前往，丞相一定会亲自来，他来了就杀掉他。”

到了该去宗庙拜祖先的时候，赵高派人去请子婴，前后去了好几趟，子婴都假称有病不去，赵高果然亲自来见子婴，一面询问病情一面对子婴说：“拜宗庙是国家大事，大王为什么不去呢?”子婴就把赵高召进斋宫里，命令预先埋伏的韩谈刺杀了他，并且分裂了赵高的肢体，杀死了他家三族亲属，在咸阳街上示众。

飞扬跋扈的一代奸相赵高就这样终于落得个可悲的下场。赵高虽然被除掉了，但秦王朝毕竟已经元气大伤，无法挽救最终的覆灭。子婴做秦王仅四十六天，就不得不自缚到霸上向刘邦的起义军投降了。

粮仓里的老鼠
——秦相李斯

李斯，字通古，楚国上蔡（今河南上蔡西南）人，他在政治上、文化上的数十年活动经历，与秦王朝的兴旺和衰亡都有着极为密切的关系。一生玩弄权术，不择手段地追求功名利禄，最终却死于赵高的谗言陷害，这就是李斯的悲剧。

阳陵虎符

李斯年轻时曾在郡里做过管理文书的小官吏，他见到吏舍附近厕所中的老鼠在吃脏东西，经常被人、狗所惊吓，而粮仓中的老鼠吃的是积存的粟米，住在大屋子之中，不用担心受到人、狗的惊扰。由此李斯感慨地叹息道：“一个人有没有出息，就如同老鼠一样，是由自己所处的环境决定的。”

因不满自己卑贱、穷困的社会地位，李斯弃职跟从荀卿学习帝王治理天下的学问。他虽然在学术上对荀卿有所继承，但是其政治观点却与荀卿有很大差别，在思想体系上也不尽相同。在一次讨论“仁义”问题时，他们师徒之间就曾发生了争论。李斯认为：“秦国四世都打胜仗，兵力在四海之内最强，威名在诸侯中传播，并不是以仁义来作为行动的准则，而不过是怎么便利就怎么去做罢了。”荀卿则对他进行批驳说：“你所说的便利，并不是真正便利的便利。而我所说的仁义，才是有很大便利的便利。仁义的实质，是用来治理政治的。政治治理好了，民众就会与上层统治者亲近，拥戴国君，毫不犹豫地为君主去牺牲自己。秦国虽然四世都打胜仗，但还是经常恐惧天下各诸侯国联合起来颠覆自己，这是乱世的用兵方法，还没有建立起仁义的根本。现在你不寻求根本的仁义而求取表面的便利，这是世道所以混乱的原因。”

当时，七国争霸，战争不断。在战国七雄中，魏、韩、燕、齐、赵等诸侯国相继衰弱；李斯所在的楚国，虽然国大人多，也因为政治黑暗，社会矛盾尖锐，在争霸斗争中屡遭挫败，同时国内的几次变法改革活动都没能获得成功，朝政大权被腐朽的旧贵族势力所把持。只有秦国自商鞅变法以后，国势最为强盛，而且比较重视“客卿”的作用。

鉴于这样的形势，李斯学业完成之后，估计昏庸的楚王不足以成大事，东方六国都没有建功立业的希望，就决定西行到秦国去。他向荀卿辞行时说：“我听说一个人如果遇到机会就不应该错过，如今各个诸侯国都在争取时机，游说的人掌握实权。现在秦王想吞并全天下称帝而进行统治，这正是平民出身的人和游说的人四处奔走施展抱负的好时机。处在卑贱的地位而不想着去改变，就好像等见到现成的肉才想去吃的禽兽一般，白白长了一副人的面孔勉强直立行走。所以说最大的耻辱莫过于卑贱，最大的悲哀莫过于穷困。长期处于卑贱的地位、困苦的环境，却还非议社会而厌恶功利，标榜自己与世无争，这不是士人的本愿。所以我将要到西方去游说秦王了。”

李斯来到秦国，正好赶上秦庄襄王病死，而继位的秦王嬴政尚年幼。秦相国文信侯吕不韦当权，李斯投到其门下请求当“舍人”，他的才能很快受到吕不韦的器重，被任命为秦王的侍卫官——“郎”。当时吕不韦正主持编写《吕氏春秋》，李斯可能参与了此书的写作。

此后，李斯利用其职务接近秦王之便，多次陈述自己的政见，他对秦王嬴政说：“平庸的人往往失去时机，而成大功业的人，在于他能够把握时机而且敢于下狠心。以前秦穆公称霸的时候，最终没有能吞并山东六国，这是什么原因呢？是因为诸侯的人数还很多，周朝的威望还没有衰落，所以春秋五霸相继兴起，都还推尊周王室。自从秦孝公以来，周王室卑弱衰微下去，各诸侯国相互兼并，函谷关以东地区为六国，秦国乘胜奴役诸侯，已经六代了。现在诸侯服从秦国，就好像郡县服从朝廷一样。以秦国的强大，大王的贤能，像扫去灶上的灰尘一样，就可以灭掉诸侯，成就帝业，实现天下统一，这是万世难逢的一个极好时机。如果现在懈怠而不抓紧此事，诸侯一旦强盛起来，聚集在一起订立合纵盟约，那时虽然有黄帝一样的贤能，也不能吞并六国了。”

李斯的主张正与嬴政兼并六国“成帝业”的志向相合，于是李斯被任命为长史，后来又当上了客卿。秦王嬴政听从了他的计谋，暗中派遣谋士带着金玉珍宝去各国游说。各诸侯国中的名士可以收买的，就送上厚礼加以收买；不愿被收买的，就用利剑刺杀他们。随后，秦王派精兵强将进攻，取得了很大的成效。

公元前238年，嬴政加冕亲政，发生缪毒叛乱。第二年吕不韦也因与嬴政的权力之争而被免相，迁往河南。由于吕不韦的门客多为客卿，所以秦国的一些宗室大臣乘机打击客卿。正好这期间韩国派水工郑国来秦为间谍，企图通过劝秦国修水渠消耗秦国力量，减轻对韩国的压力，但他的计谋被识破了。秦国的宗室大臣们更加紧要求秦王嬴政驱逐客卿，他们向嬴政进言说：“各诸侯国的人来秦国做事的，大都是为其宗主国来游说离间秦国的，请大王驱逐所有的客卿。”虽然李斯在嬴政与吕不韦的争权斗争中，一直持观望态度，此时仍不免受到影响，也被列入了驱逐的名单之中。

秦瓦当

在被驱逐的途中，李斯决定孤注一掷，向秦王嬴政上书痛陈利害，秦王嬴政被打动，废除了“逐客令”，派人追到骊邑召回了李斯，并恢复了他的客卿职位，后来又提升他做了当时在秦国有很大权力的廷尉。

“逐客令”废除后，各国名士纷纷来秦，他们出谋献策，帮助秦王向东方六国用兵。李斯逐渐成为了客卿集团的核心人物，他继续执行了秦惠王时司马错和秦昭王时范雎提出的“远交近攻”战略，并负责具体实施由大梁来到秦国的兵家学者尉缭提出的离间六国君臣之计。李斯借助秦国强大的军事压力，亲往韩国作说客，迫使韩王安向秦国献玺称臣并派韩国公子韩非入秦。

韩非来到秦国后向秦王上书建议“先攻赵后灭韩”，这与李斯等人“先灭韩”的主张明显对立。李斯在与韩非同学于荀卿时就自认为不如韩非，非常嫉妒韩非的才学，怕一旦“秦韩之交亲”，韩非受到重用，威胁到自己的地位。于是他伙同姚贾在秦王嬴政面前极力诋毁韩非有“弱秦”的阴谋。这时李斯已得到秦王充分信任，而嬴政对刚入秦的韩非虽然“悦之”，但还接触不多，未予信用，加上韩非有口吃缺陷，远不如李斯的巧言善辩，所以在李斯等人的合谋诬陷下，秦王同意将韩非关进监狱。韩非在狱中为了活命想上书秦王表明心迹，李斯则出于私心不敢让他上书，赶在秦王赦免韩非以前派人送毒药逼他自杀了。就这样，李斯在维护秦国统一大业的旗号下，利用职权除掉了自己政治上潜在的对手。

秦用十年时间灭掉了东方六国，实现了“天下一统”。摆在秦统治集团面前的重要问题是怎样才能巩固统一，当时有实行分封制和实行郡县制两种意见。丞相王绾等进言说：“诸侯刚刚被消灭，燕国、齐国、楚国地处偏远，如果不在那些地方封王，就无法加以镇抚。请封立各位皇子为王，希望皇上恩准。”

秦始皇把他的意见交给群臣讨论，群臣都说这样做有利。廷尉李斯则议论说：“周文王和周武王分封子弟和同姓亲属很多，然而他们的后代逐渐疏远了，像仇人一样互相攻击，各诸侯国间彼此征伐，周天子也不能禁止。现在四海之内靠着陛下获得了统一，如果都划分成了郡县，用公家的赋税收入重重地赏赐各位皇子和功臣，他们就会很满足而容易控制了。要让天下的人没有邪异之心，才是使国家安宁的好政策。分封诸侯没有好处。”

秦始皇说：“天下连年争战无休无止，就是因为有那些诸侯王。现在依靠祖先神灵的保佑，天下刚刚安定，如果又设立诸侯国，这等于是又挑起战争，那时再想求得安宁太平，岂不是很困难吗？廷尉说得对。”

李斯的主张被采纳，他的政治地位也得到了进一步加强。

李斯迎合秦始皇“定于一尊”的独裁心理，上书说：“古时候天下分散混乱，不能统一起来，就是因为各诸侯国并立，有人称颂古代以否定当代，修饰一些虚夸不实的文辞来扰乱社会现实，人们都认为自己学派的理论最好，用它来否定君上的政策法令。现在陛下统一了天下，分辨了黑白曲直而使全国都尊崇皇帝一人；但是那些私家学派却在一起批评朝廷的法令制度，听说法令颁布下来，立即以各自学派的观点来议论它，回家时心中不满，出门时则在街头巷尾议论纷纷，通过褒贬君主来博得名声，发表与朝廷不同的看法来显示清高，煽动下层民众来制造诽谤。这样下去而不加以禁止，上面君主的权威就要下降，下面百姓就会结成许多党派，最好加以禁止。臣下请求陛下同意，除记载史的典籍全部焚烧掉。除博士官所掌的之外，天下敢有私自收藏《诗》《书》和诸子百家著作的，都要送到郡守、郡尉处一起毁掉。有敢于谈论《诗》《书》的斩首示众，以古代否定当代的人连族诛灭。官吏如果知道而不举报，同样治罪。命令颁布三十天后还有人不烧书的，罚他在脸上刻字并做筑城苦役，发配边疆。不在清除之列的，是医药、占卜、农艺等方面的书。若有人想学习政治法令，可以请官吏为老师。”

秦始皇批准了他的建议，没收了《诗》《书》以及诸子百家的著作，以便使百姓愚昧无知，使天下的人无法用历史上的事来批评当今的朝廷。明确法制程序，制定律令条文，都是从秦始皇时代开始的。李斯主持制定的秦律，酷刑峻法，名目繁多，甚至规定：有敢于私自挟带书籍的人，处以族刑。他们实行的专制政策遭到了许多人的反对，保存到汉代的当时秦零陵县令的一封信中，就有责难李斯的内容。

李斯固然是古代文化的破坏者，但他也有某些建树，他曾受秦始皇之命，在秦统一后负责统一文字的工作，在他的倡议下，以在秦国流行的小篆字体为国文，通用全国。他写的字秀丽圆润，很受后人赞赏。

扶苏冤死

在秦始皇的长期宠信下，李斯位极人臣。他的长子李由担任三川郡守，儿子们都娶了秦国的公主，女儿们都嫁给了秦国的皇族子弟。三川郡守李由请假回咸阳时，李斯在家里设下酒宴，文武百官都前来给李斯敬酒祝贺，门前的车马数以千计。李斯慨然长叹说："哎呀！我曾听荀卿说过'事情的发展不要过了头'。我李斯原来是上蔡的平民，街巷里的百姓，皇上不知道我才能平庸，把我提拔到这样高的位置上。现在做臣子的没有人比我职位更高的了，可以称得上是富贵荣华到了极点。事物发展到极点就会开始衰落，我还不知道今后吉凶祸福会怎么样啊！"

始皇三十七年（公元前210年）十月，李斯和赵高、胡亥等人陪同秦始皇巡游到会稽山，后又沿海边北上，到达琅邪山。这一年，秦始皇病死在沙丘。李斯出于私心，与赵高合谋伪造了始皇书信，诈称李斯受始皇遗诏，立始皇第十八子胡亥为二世皇帝，逼死皇位的当然继承人长公子扶苏。此后李斯仍任左丞相，地位并没有提高，而赵高却当上了郎中令，实际操纵了政权。

秦二世和赵高当权之后，不仅杀害大批先朝的公子和大臣，而且刑法更酷，赋敛更重。李斯多次上书进谏，建议变革，但遭到了秦二世的拒绝和申斥。这时李斯的儿子三川郡守李由因不能阻止吴广等人攻占地盘，受到调查，派到三川去的使者一个接着一个，朝中舆论也责怪李斯身居三公的高位，却让"盗贼"如此猖狂。李斯感到害怕，又把爵位俸禄看得很重，不知该怎么办才好，就曲意逢迎二世的心意，以此求得宽容。

尽管李斯阿顺苟合，助纣为虐，赵高仍认为他是自己阴谋篡权的障碍。他对秦二世说，李斯不满足于现在的地位，有割地封王的企图，并且诬陷其子李由与陈胜、吴广起义军有书信往来，二世信以为真，立即派人进行调查。

李斯听到了这个消息，意识到大祸将临，退避已不能保身，就上书秦二世揭发赵高的短处说："臣下听说，大臣同他的国君并列，没有不危害国家的；小妾同他的丈夫并列，没有不危害家庭的。现在有的大臣代替陛下擅自赏罚，权力和陛下没有区别，这是非常不妥当的。从前司城子罕在宋国做相，自己掌握刑罚大权，用威权行事，一年以后就劫持了国君。田常是齐简公的大臣，爵位高到全国没人能比得上，其私人家里的财富和公家的一样多，他散布恩惠实施德政，下边得到百姓的爱戴，上边得到群臣的拥护，暗中窃取了齐国的权力，在庭院里杀死了宰予，又在朝廷上杀死了齐简公，控制了齐国。这些事天下的人都是很清楚的。现在赵高有奸邪过分的企图，险诈叛逆的行为，如同子罕在宋国为相时一样；他私人家里的财富，好像田常在齐国时那么多。他同时具有田常、子罕的叛逆行为而又窃取了陛下的威信。陛下如不早打算，臣下担心他会发动叛乱。”

二世没有听李斯的话，反而劝他不要怀疑赵高。于是李斯又进谏说：“赵高这个人，以前是个低贱的家伙，不懂得道理，贪得无厌，求利不止，权位势力仅次于君主，但他追求地位和权力的欲望没有止境，所以臣下说是很危险的。”无奈这时秦二世已深信赵高，不但不接受李斯的请求，反而听信了赵高的谗言，下令逮捕李斯，交由赵高审讯。

李斯被套上刑具，关在监狱中，仰天长叹说：“哎呀，可悲啊！无道的昏君怎么能给他出谋划策呢？从前夏桀杀死关龙逢，商纣王杀死王子比干，吴王夫差杀死伍子胥，这三位大臣，难道不忠吗？然而不能免于被害死，他们虽然尽忠而死但所忠于的对象错了。现在我的智慧比不上他们三人，而二世的昏庸无道超过了夏桀、商纣、夫差，我因尽忠而死，是应该的啊。况且二世的统治不是胡来吗？日前杀光了他的兄弟而自立为皇帝，还杀害忠臣而重用低贱的人，为修建阿房宫，在全国横征暴敛。我不是没有劝谏，而是他不听我的呀。凡是古代圣明的君王，饮食都有节制，车马器物都有控制，宫殿都有限度，增加费用支出而对民众无益的事情一律禁止，所以能够长治久安。现在他对自己的兄弟无情无义，不顾及会有报应；残暴地杀害忠臣，不考虑会有后患；大肆修筑宫殿，对天下百姓征收很重的赋税，花费钱财不懂得珍惜。有了这三方面的行为，天下的人就不会再听从命令。现在造反的人已占全天下的一半了，而他心中还没有醒悟，仍然任用赵高为辅佐，我一定会见到盗贼打进咸阳，朝廷将会变成野兽嬉游的地方。”

秦二世派赵高审理李斯，查问李斯和其子李由谋反的情状，把他的宗族亲戚和宾客全逮捕起来。赵高拷问李斯，打了他一千多下，李斯忍受不住疼痛，屈打成招。他之所以不自杀而死，是因为自负能言善辩，立过功劳，确实没有反叛之心，如能上书为自己辩护，希望二世能觉悟而赦免他；同时也想拖延时间，以便让握兵在外的李由及朝中的同情者设法相救。

李斯在监狱中上书说：“臣下担任丞相，治理百姓三十多年了。那时秦国的土地还很狭小。先王在位时秦国也不过有土地千里，军队几十万人。臣下竭尽绵薄的才智，谨慎地奉行法令，暗中派遣谋臣，资助他们金玉财宝，让他们到各诸侯国去游说，再暗中整顿军队，整治政治和教化，提拔作战勇敢的人当官，尊崇有功的文臣武将，给他们很高的爵位和俸禄，所以终于得以胁迫韩国，削弱魏国，打败了燕国、赵国，扫平了齐国、楚国，最后兼并了六国，俘虏了他们的君王，拥立秦王为天子，这是我的第一条罪过。秦国的国土并不是不广阔，却还在北方驱逐胡人、貉人，在南方平定百越，显示秦国的强大，这是我的第二条罪过。尊重大臣，提高他们的爵位，用来巩固他们同秦王的亲密关系，这是我的第三奈罪过。建立社稷，修缮宗庙，以显示君主的贤明，这是我的第四条罪过。更改尺子、衡器上所刻的标志，统一度量衡标准，用统一的文字颁行天下，以树立秦王朝的威名，这是我的第五条罪过。修整驰道，兴建游览观光场所，以显示君主的志满意得，这是我的第六条罪状。减轻刑罚，减少税收，以便使君主赢得民众的心，让万民至死都拥戴国君，这是我的第七条罪状。像我李斯这样当大臣的，所犯罪过足够处死刑已经很久了，只是皇上希望我尽一点余力，才让我活到现在，请求陛下了解这些。”

但是李斯的希望落空了，奏书呈上后，赵高指使狱吏丢掉而不交给二世。其子李由也在雍丘（今河南杞县）被起义军所杀。朝廷中的其他大臣则慑于赵高的淫威，不敢相救。二世二年（公元前208年），李斯被安上五条罪状，判处在咸阳街市上腰斩。

李斯走出监狱时，同他的次子一起被押解着，他回头对次子说：“我还想和你一起牵着黄狗出上蔡东门去追逐野兔，又怎么能办得到呢？”于是父子相对哭泣。三族内的亲人都被处死了。

李斯死后，秦国的大权全部落入了赵高手中，秦王朝更加分崩离析，不久就灭亡了。

追问王侯的出身

——大泽乡起义

秦二世元年（公元前209年），阳城（今河南阳城）地方官接到朝廷的命令，要他征调九百名壮丁送到渔阳（今北京密云）去防守边疆。这九百名壮丁由两个将尉带队，为便于管理，他们从壮丁队伍里选了两个帮手做屯长，一名叫陈胜，阳城人；一名叫吴广，阳夏（今河南太康）人。

队伍日夜赶路，走到大泽乡（今安徽宿州东南），遇大雨，只得扎营暂住，可雨偏偏几日不停。大泽乡名符其实，地势低洼，连日暴雨，根本无法行路。这支队伍上下皆心急如焚，因为日后走得再快，也不能按期到达渔阳。按照秦朝苛刻的法令，误期就要砍头。如果明知误期，还要前行，无异于去送死。

陈胜与吴广商量说："我们前行是死，逃亡是死，与其等死，不如兴大事，举义兵，推翻秦朝暴政。"陈胜说："天下人怨恨秦政已很久了。我听说秦二世是秦皇的小儿子，不该当皇帝，当立为皇帝的是长子扶苏，扶苏由于对秦皇直言相谏，秦皇让他带兵戍边。如今扶苏并无罪过，二世为了夺位，却将他杀害了。老百姓都知道扶苏是好人，不知道他已经死去。咱们楚国的大将项燕，立过数次大功，又爱怜士兵，楚人都敬重他，如今有人以为他死了，有人说他逃走了。如果我们假称奉公子扶苏和楚将项燕之命，号召天下，攻打二世，将会有众多的人响应。"吴广也颇有见识，他甚为赞同陈胜的见解。

起义的决心已下，但陈胜、吴广都不能预测此事的吉凶，他们决定先算一卦。当晚，他们去找算卦先生，算卦先生见两人气宇轩昂，不是等闲之辈，从他们的问话里也听出了一些眉目，就说：

“你们预卜的事能够成功，如果能请鬼神相助，那成功的把握就会更大。”

陈胜、吴广心中大喜。回营的路上，尽管脚下泥泞，两人还是一边深一脚浅一脚地走着，一边细细琢磨着卜者“请鬼神相助”的话。陈胜说：“楚人信鬼神，我们如果假托鬼神的旨意，众人一定会相信我们。”吴广完全同意。于是，两人商量好办法，决定尽快行动。

十八般兵器之一种：戟

第二天，两人找了一块白绸，用红笔在上面书“陈胜王”三字，然后，到一处无人看管的拦鱼网旁，放入网中一条大鱼的腹中；随后，又派人去那户渔家买鱼。伙夫剖鱼的时候，从鱼肚里发现了丹书布帛，觉得甚为奇怪。这一消息很快就传开了，大伙都前来观看。于是，“陈胜王”三字就印在众人心里。

此事在人们心中引起的震荡还没有平息，陈胜又让吴广去营地旁丛林里的一个破祠堂里藏好，夜深人静的时候让他学狐狸叫。这天夜里，乌云密布，半点星光也没有，兵丁们在一片丘岗之上的营地里想着自己的凄惨命运，夜不能寐。忽然静夜里传来一声声的狐狸叫，再细听，狐狸好像在谈话，听到后来，大家都听清楚了，狐狸叫的是“大——楚——兴，陈——胜——王”。叫的声音虽然不大，可这些兵丁听起来，却像是苍穹里的声声闷雷。联想到鱼腹之中的帛书一事，众人一夜惊恐，无法成眠。“大楚兴，陈胜王”又印在人们心里。

白天，兵丁三三两两都在议论这两件怪事，大家也都观察陈胜，对他非常敬畏。陈胜和吴广商议，认为人心可用，就决定采取下一步行动：杀掉两个将尉，正式举事。

吴广性格豪爽，讲义气，重友情，善于体察别人的心情，所以，与大家关系甚为融洽，都愿为他效力。他乘将尉酒醉时，几次称与其等死，不如逃走，一方面博得众人同情，一方面激怒将尉。此计果然有效。将尉醉意朦胧，不辨真情，举鞭抽打吴广。他觉得仍不解气，又把剑抽了出来，欲震慑吴广。吴广心中窃喜，挺身而起，夺剑杀死将尉。陈胜从旁相助，又杀掉另一将尉。众人尚未从这一突然变故中清醒过来，陈胜、吴广登高向众人宣告道：“我们如今遇大雨，无论如何也无法按期赶到渔阳，失期我们都要被杀头，即使不斩，我们为秦朝在边疆卖命，也是九死一生。壮士不死便罢，死也要死得有个名堂。

王侯将相难道是天生的吗？人都是爹娘生的，我们就不能做王侯将相吗？凭什么不明不白地为别人送死！”

这时，全体兵丁都聚在四周，众人听罢，一齐喊道：“我们听你们的吩咐！”

于是，陈胜、吴广就诈称奉公子扶苏、楚将项燕之命，顺应民意，要推翻秦朝的暴政。他们要全体兵丁袒露右臂，并为这支起义的队伍起了名号，自称“大楚”。

随后，陈胜、吴广组织大家在营外搭设了祭坛，召集全体壮士在坛前盟誓。坛前摆放两个将尉的首级。陈胜自立为将军，吴广为都尉。盟誓毕，全体壮士一举占领大泽乡。

大泽乡的农民早就吃尽了秦朝的苦头，今日见有人领头举事，人人拍手称快，家家都拿出粮食来劳军。年轻的子弟们随手抓起家里的锄头、扁担当作武器，就加入到起义的队伍里来。一眨眼的工夫，九百人的队伍变成了一支浩浩荡荡的大军。队伍迅速扩大，没有旗帜，陈胜、吴广就命士兵砍来许多竹子，以竹竿作旗杆，以竹梢作旗子。昔日平静的大泽乡，今日“揭竿而起”，诞生了一支声势浩大的农民起义军。

队伍扩大，百姓拥戴，使陈胜、吴广信心大增，刚举事时的不安心情随风而逝。于是，他们带队攻打蕲县（今安徽固镇西北）。蕲县是小城，城里的官兵听说楚国大将项燕的大军到了，兵无斗志，顷刻间，这个县城就被攻下了。

这是起义军攻下的第一个县城，昔日耀武扬威的秦军如此不堪一击，大大地鼓舞了起义军的士气。县城一被攻下，起义军的声名也就开始远播，借着这股声威和士兵的锐气，陈胜、吴广又命符离（今安徽淮北市东南）人葛婴带兵攻击蕲县以东，接连攻下五六个县城。陈胜、吴广又乘势带兵攻打陈县（今河南淮阳）。这时，“大楚”的名号已经远近皆知。

这支起义军仿佛是在暗夜里点燃的一支火炬，不甘心忍受秦朝官吏欺压的农民，昔日六国政客、领主的子弟，不得志的武士、谋臣，纷纷前来投军，起义军如滚雪球般迅速扩大，陈胜、吴广很快就拥有了六七百乘车，一千多匹坐骑，好几万士兵。

陈县的守令见陈胜、吴广来攻，早已望风而逃，只有守丞带兵守卫城门，守丞战死，陈胜、吴广率大军入城。

陈县是大城，占据了陈县，几万士兵得以休整。几天后，陈胜号令召集陈县的父老、乡绅、豪杰前来议事，陈县这些有声望的人士说：“将军征伐无道，诛杀暴虐的秦国，恢复我们楚国，功劳之大，应该做楚王；而且您监临天下诸将，不当王就没有号召力，愿将军您立为楚王。”

在召集来议事的这班人中，有两个魏国大梁（今河南开封）人，素有名望，都是旧贵族、魏国名士，一个是张耳，一个是陈馀。秦灭魏几年后，仍在出赏金捉拿此二人，故二人隐姓埋名逃到陈县。陈胜及身边的人早就知道张耳、陈馀的名声，陈胜一入陈县，二人即投到陈胜的门下，陈胜大喜，把他们当谋士看待。

议论到立楚王事，陈胜问他们两人有什么意见，张耳、陈馀说：“当今秦国无道，灭掉六国，杀害六国君王，加重劳役，使天下百姓疲惫不堪，财物都被榨取干净，害得人们活不下去，将军怒目张胆，挺身而出，万死不辞，为天下除害，这是大公无私、舍生忘死的大作为。可今天刚占领了陈县就当王，是在向天下人显示自己的私心。希望将军不要称王，赶紧率领大军向西边秦国首都打过去；同时，派人去立六国的后代，六国立，自己就有了更多的盟友，秦国就有了更多的敌人，兵力就强大，那就很快能占领咸阳，灭掉秦国，号令天下诸侯。诸侯原被秦国灭亡，将军又将其复立，他们对将军会心悦诚服，这样将军就可以成就帝业。如果现在就称王于陈县，天下豪杰就会认为将军有私心而人心背离，那事情就不好办了。”

陈胜不同意他们的说法，遂自立为王，号“张楚”，即张大楚国之意。王既立，士兵经过了几天休整，上下同心，士气高涨，陈胜又开始调兵遣将，征伐秦兵。

陈王以吴广为假王，监督诸将西击荥阳（今河南荥阳），令汝阴（今安徽阜阳）人邓宗带兵马向九江进攻，令魏人周市向北进攻魏地。张耳、陈馀不愿在这里当谋士，另有野心，陈馀向陈王建议道：“大王的目标是西进咸阳，击败秦国，恐怕没有余力顾及河北。我过去曾经遍游赵国，知其豪杰和地形，希望能让我们带一支奇兵北进以占领原赵国的属地。”陈王听信他们的建议，派自己的亲信陈人武臣为将军，让张耳、陈馀做左右校尉，率三千人马去进攻赵地。

当时，各郡县的百姓都痛恨秦政的苛刻、严酷，陈胜起义后，各地纷纷杀掉秦朝的官吏以为响应，楚地数千人的起义队伍不可胜数，陈胜派出的几路大军都迅速扩大。但是，陈胜的楚国却开始走向衰落，内部分裂，连吃败仗；诸王并立，形势急转直下。

武臣这支部队向北进攻，三千人的队伍很快扩大到几万人，连克数城后，攻下原赵国的都城邯郸。武臣不愿再与陈胜保持臣属关系，在张耳、陈馀的怂恿下，自立为赵王。陈馀为大将军，张耳、召骚为左右丞相。随后，赵王的将相又劝告他不要西进击秦，而要乘机北攻原来燕国的属地，以扩大自己的势力，使赵国南临黄河，北有燕代，这样，即使陈胜战胜秦国也拿赵国没有办法；如果楚国败于秦国，就要更加倚重赵国。赵王同意，派韩广去攻打燕国，谁知韩广也同武臣一样，也是一去不回，又自立为燕王。武臣、韩广拥兵自重，自立为赵王、燕王，这就削弱了陈胜的力量。

吴广进攻荥阳的部队发展也不顺利。荥阳当时正由李斯的儿子三川郡守李由镇守，吴广围攻很久，攻不下来，他请陈王再派兵增援。二世二年冬（公元前 208 年），陈王派陈人周文（又称周章）向西进军攻打咸阳。

周文在楚将项燕手下做过事，懂得一些兵法，他西进途中不断扩充队伍，到函谷关时已有车千乘，兵数十万。这支部队虽然声势浩大，但却遇到了最强大的对手——秦将章邯。

章邯时任二世少府。当时，周文西进的声威使秦二世以致群臣惊恐万分，只有章邯异常冷静，他说："起义军兵力强大，来势甚猛，连征召附近各县的人从军也来不及了，在骊山做苦役的囚犯和奴隶有几十万，如果把囚犯的罪赦免了，把奴隶赦为平民，发给他们兵器，倒可以抵挡一阵。"二世就大赦天下，拜章邯为大将，章邯迅速组织起一支大军，同周文作战。

本来，秦朝的苛政当时已搞得天怒人怨，人心背离，兵无士气，所以周文进军以来，一帆风顺，几乎没有遇到真正的对手。由于章邯手下的士兵是脱离苦役、被大赦了的囚犯和兵士，这种从社会底层解脱出来的狂喜使他们士气高涨，这就如同给苟延残喘寿数将尽的秦朝又打了一针强心剂。这支强大的军队同周文一交手，就把周文打得落荒而逃。

犀牛尊

周文失败，只得向陈胜求救兵，可陈胜手下已无兵可派。当时，各路起义军和地方豪强正在抢夺地盘，首领们正在忙于争当大王，早就忘了攻打咸阳灭亡秦国的事了。陈王无法派援兵，周文只能继续溃逃，逃到曹阳（今河南三门峡市西南）、渑池（今河南渑池西），章邯大军紧随其后掩杀过来，部队溃散，周文自杀。

吴广手下的将军田臧等人谋议："周文战败，秦军很快就会赶来，我们围荥阳又不能攻破，秦军来到后，里外夹攻，我必大败，不如留一些部队继续围荥阳，派出精兵迎击秦军。吴广骄傲，又不会用兵，要成功，必须杀掉他。”于是，他们假称奉陈胜王的命令，杀掉吴广，将其首级献给陈王。陈王让使者赐给田臧楚国令尹印，使其为上将。田臧让李归等将领继续围荥阳城，自率精兵迎击秦军，双方一交战，田臧根本不是对手，当即战死，部队溃散。章邯又进攻李归等于荥阳城下，李归战死。

十二月，章邯大军击陈，陈王败走，到了下城父（安徽蒙城西北），他的车夫庄贾将其杀害后投降秦国，陈县陷落。陈王手下的将军吕臣带领一队奴隶军杀了庄贾，反攻陈县，把陈县夺过来又将其变为楚地，继续抗秦。至此，陈胜、吴广领导的大泽乡起义以失败告终。推翻秦朝的使命只能靠别人去完成了。

坑灰未冷山东乱
——刘项起兵

吴广、陈胜相继被杀，农民起义军失去了两个领袖人物，但是，由于反秦起义的浪潮风起云涌，又有无数新的起义首领产生出来，其中刘邦、项梁和项羽，终于聚集起了推翻秦朝的强大力量。

沛公起兵

秦二世元年（公元前209年）九月，沛县（今江苏沛县）人刘邦在沛县起兵；下相人项梁、项羽在会稽起兵。

刘邦，字季，是个庄稼人，为人大度，喜施舍。他虽说是个庄稼人，可从小就不愿种地，整日里游游逛逛。到了壮年，他做了泗水亭长，算是有了正事做。刘邦这个亭长由于适逢乱世，也无心好好做这个小官，他游戏人生，好酒色，常常到酒铺赊账喝酒，店主喜欢他豪爽的性格，年终总是将他的欠账一笔勾销。由于亭长常常押壮丁或民夫去咸阳，他得以看到秦始皇的威仪，他暗自喟叹：“大丈夫就该如此！”从这时起，他越发不满自己的现状，有意和天下豪杰交往。

一天，县令家来了一位贵客叫吕公，沛县的豪杰、官吏都去道贺。这种事刘邦绝不会错过，他也去了。县里的文书萧何正在门口替主人收贺礼，见刘邦这个穷小子来了，成心为难他，高声叫道："贺礼不满一千钱的坐在堂下。"刘邦素来玩世不恭，他一眼看透了萧何的心思，他头一扬说："我送一万!"这个数在来宾的贺礼中算顶了天了，于是，满座皆惊。实际上，他一个钱也没有。吕公此时也站立起来，迎到门旁。吕公素好相面，他见刘邦气度不凡，甚为敬重，引他去上坐。萧何见状，跟在后面，说道："刘邦只会说大话，哪真能送一万?"刘邦挺神气地走到上座，一屁股坐下，打着哈哈说："一万钱算什么?记笔账吧!"

刘邦谈笑间就压倒了众人的气势。吕公更加深信自己的眼力，因为他接触的人虽然不计其数，但从未遇到过如此大度之人，尽管不过是一个小小的亭长。客人陆续退席时，吕公一再用目光示意刘邦留下。刘邦会意，继续痛饮，留在最后。吕公告诉刘邦说："我年青时，就好相人，相人虽多，但没有一个似你这样的大富之相，我有一女儿，愿能许配与你。"刘邦大喜，就娶了吕公的女儿吕雉。

刘邦娶了亲，可不能老在家陪着媳妇。一天，他接到县里的命令，要他把一批民夫押到骊山去，为秦始皇修建大墓。由于这是一桩苦差、死差，所以，在去骊山的途中，许多民夫都逃走了。刘邦估计照此下去，到了骊山，可能一个民夫也剩不下。在丰乡西边，刘邦独自喝过闷酒，对众人说："你们到了骊山也是送死，我放你们一条生路，你们都走吧，我也不回去了。"这些民夫中有十几个人愿意跟随刘邦；刘邦就带领这些人藏到芒县（属沛郡，今河南永城）、砀县（属梁国，今河南夏邑东南）之间的山野水泽之中。一些沛县的子弟知道刘邦的义举，都来投奔他。

陈胜起兵不久占领了陈县县城，其声势浩大，震动天下，各地纷纷响应。沛县县令也准备率领沛县民众起义，以响应陈胜推翻秦朝的号召。文书萧何和管监狱的曹参对县令说："您是秦朝的官吏，如果率众起义，沛县子弟认为您是背叛朝廷，恐怕会不听从您的命令。如果您召集逃亡在外的人，可以找到几百人，有这些人在您身边，别人就不敢不听了。"县令认为有道理，就让樊哙去召唤刘邦。

樊哙也是沛县人，靠宰狗卖肉为生，和刘邦分别娶了吕公的两个女儿。由于两人沾亲带故，彼此相见，甚为高兴。樊哙向刘邦叙述了县令的想法，希望刘邦尽快赶回县城，共举大事。

此时，刘邦已有一支几百人的队伍。正当这支队伍匆匆行路，赶到县城下时，县令却变卦了。他看到这几百人甚为勇武有力，唯恐有变，命令关紧城门，严加守备。他认为萧何、曹参提出召集逃亡之人回沛县起事，是居心不良，企图里应外合。县令要杀掉萧何、曹参，两人惊恐，慌忙逃跑，到城外去投奔刘邦。

刘邦听了事情的前后经过，和萧何商量了一番，便在一块绸布上写了几句话，用箭射进城中。绸布上写道；“当今天下苦于秦政已经很久了，现在四方的诸侯起来反秦，城中的百姓如果帮助县令反抗四方的义士，无异于为自已树敌，小小的沛县怎能抵御天下的义兵呢？如此下去，必遭屠城的局面，父老乡亲都要遭殃。为城中百姓着想，不如杀掉县令，选子弟中可立为县令者立之，以顺应天下，如此则家家都可保完好！”

城中的父老因为刘邦曾救过他们的子弟，素来就敬重他，如今，见他从藏身之地返回，都欣喜异常。这份绢书暗中一传，父老乡亲都称有道理。于是，父老们找了一些勇武之人，率领他们共同杀死县令，打开城门，迎接刘邦入城，并要立他为沛公。刘邦说：“如今天下纷乱，诸侯并起，如果我们择人不善，将一败涂地。我不怕事，但担心自己才能薄劣，不能保全父老子弟，这是大事，希望大家再选胜任之人。”萧何、曹参都是文官，懂得秦法，担心日后事败，按秦法族灭其家；况且，他们觉得论才能还得数刘邦，就劝刘邦不要推辞。父老们都说：“我们占卜过，选沛公数您最吉，还是不要推辞了。”刘邦仍推让，可大家谁也不愿出头，最后，刘邦答应下来，做了沛公。这一年他四十八岁。

为凝聚人心，扩大声势，众人举行了隆重的起兵仪式：祭祀黄帝、蚩尤于沛公的堂中，以图吉利福祥。由于传说刘邦过去杀过的一条白蛇是白帝子，刘邦是赤帝子，故众人崇尚红色，四处飘扬的全是红旗。

随后，萧何、曹参、樊哙分头去召集沛县子弟，没有几天工夫，就来了两三千人，沛公带领这些人进攻胡陵、方与（县名，皆属山阳郡，今山东鱼台），回守丰乡。刘邦命雍齿守丰乡，自己又带兵进攻别的县城。

此时，魏相国周市派人到丰乡对雍齿说：“丰乡本是大梁（魏国）的土地，现在魏国已收复了几十个城，你如果以丰乡属魏，魏国将封你为侯，让你代魏国守丰乡。如果不从，魏国攻下丰乡，全乡都得遭到屠杀。”雍齿本来和沛公不和，早就不愿在沛公属下了，况且，刘邦初起，也看不出有什么前途，而魏国兵多将广，其势正猛，如果指望晋身，还是得依靠魏国。于是，城头大旗一变，雍齿反戈为魏国守丰乡。沛公怒而带兵来攻，未下，又气又急，发病，又带兵返回沛县。不久，刘邦听说东阳宁君、秦嘉立景驹为假王，在留（沛县东南），就带兵去投奔他们，想请他们派兵攻丰乡。此时，秦将章邯的别将司马展北进进攻陈胜的楚地，开始进攻砀。东阳宁君、沛公顾不上打丰乡，赶快带兵西进，与司马展在萧县（今安徽萧县）西边作战，未胜，收兵，回到留，再次攻打砀，三日才攻下来，又从砀聚拢散卒五六千人，转攻下邑（今安徽砀山）。攻陷后，沛公又带兵回到丰乡。这时，他听说项梁已起兵，在薛（今山东滕州市官桥镇），就骑马带一百余人去见他。项梁拨给沛公五千人。沛公返回，再次攻丰乡。雍齿抵挡不住，逃到魏国。丰乡一攻下，沛公便有了稳固的立足之地。

西汉铜钮银豆

在刘邦起兵的同时，项梁、项羽在会稽起兵。两人都是楚国人。项梁是楚将项燕之子，因为杀人，与哥哥的儿子项羽避仇躲到吴中（今江苏苏州吴中区）。在那里，项梁由于武艺高强，又通兵法，带出了一批武艺超群之人。项羽不听调教，少年时，学书，不成，半途而废；学剑，又不成，项梁怒。项羽说："学书，只能用来记记姓名；学剑，只能用来自己防身，不值得学。我要学带领成千上万人作战的本领。"于是，项梁教项羽兵法，项羽大喜。但他做事没有耐心，略知其大意，就不肯再深学了。他虽然学业不精，但才气过人，力大无比，天生是一个将领的材料，吴中的少年才俊都敬畏他。

秦二世元年（公元前209年）七月，陈胜、吴广于大泽乡起义，九月，会稽守殷通对项梁说："长江以西都起来反秦了，这正是灭亡秦朝之时。常言说，先动，即驾驭别人；后动，即为别人所驾驭。我想发兵举事，想让您和桓楚做我的将领。"当时，桓楚正逃亡在外。项梁说："桓楚逃亡，别人都不知他的去处，只有项羽知道。"项梁说罢，就出去告诉项羽持剑在外面等候。随后，项梁又回到室内，与会稽守坐在一起，对他说："请召项羽来，您亲自授意，让他去召桓楚。"殷通说："好！"项梁让项羽进来。一会儿，项梁对项羽说："可以行事了！"于是，项羽拔剑斩会稽守殷通头。

项梁手提殷通头，佩戴他的印绶。府里的官员、卫士、随从大惊，一片混乱。项羽乘乱杀死近百人，府中的人都战战兢兢地趴在地上不敢起来。项梁乃召唤过去了解的可靠的官吏，告诉他们为了反抗秦朝暴政，所以才杀掉秦朝的守令。

项梁带领平日跟他们练武的吴中子弟，占领了附近的县城。当地的百姓早就痛恨秦朝的暴政，人人心中大快，许多青年才俊纷纷前来投奔项梁。几天时间，就聚起精兵八千人。兵员已足，项梁便一一部署吴中豪杰为校尉、侯、司马。平日熟知的贤能之士，各得其所，只有一人未被启用。他找到项梁，项梁说："不久前，某人去世，让你主办一件事，你未能办好，所以，不能任用你。"众人见项梁早就对人有仔细的观察，都被震慑住了。项梁自立为会稽郡守，立项羽为偏将。当时，项羽只有二十四岁。随后，项羽带着几百名士兵去攻打附近的县城。

当时，广陵（今江苏扬州）人召平为楚王陈胜攻击广陵，未能攻取，他听说陈胜王已败于秦国大军，秦兵很快又要打过来，就渡江假奉陈胜王之命，拜项梁为楚王上柱国，告诉他："江东现在已经平定，陈王命您赶快带兵西向攻击秦国。"项梁、项羽就率八千子弟兵渡江向西进发，准备先去收复广陵。这时，他们听说陈婴已经攻下东阳（属广陵，今安徽天长），就派使者去同他联络，准备和他联合起来一同西进。

此时，陈婴正在为队伍无首领而郁闷，见项梁派来使者，大喜，认为项梁可担当大任。原来，陈婴是东阳县的一个文书，在任上的时候，素来言行谨慎，讲究信义，被城里的人称为忠厚长者。东阳少年响应陈胜王，杀掉县令，聚集起数千人，想找一首领，无人适合，于是找到陈婴。陈婴称自己没有能力，不能胜任，不愿出头，可几千人强立陈婴为长。一县之中，追随者达二万人。县城里原来的一些士兵也拥护他。人多势众，大家又想让陈婴为王。这时，陈婴的母亲出来阻拦了。她说："自从我到了你们家，未曾听说过你家祖上有大富大贵之人，今天暴得大名，太不吉祥了，不如归附别人，事情成了，可以封侯；事情败了，可以逃亡，不至于被人指名道姓地搜捕，搞得世人皆知。"陈婴听了母亲的一番话，乃不敢为王。他见项梁的使者，就对众人说："项家世世代代做楚国的将军，在楚国人人皆知，今天要举大事，非项将军莫属。我们依靠楚国的名族，准能灭掉秦国。"众人听从他的意见，二万人尽属项梁。不久，又有英布、蒲将军归项梁，使项梁手下的兵员一跃达六七万人。项梁将总部设在下邳（今江苏邳州）。

陈胜死后，为了研讨下一步行动计划，项梁召集楚国各方将领在薛城开会，刘邦也前来参加。

会议正要商议再立楚王的时候，一位七十岁的居鄛（今安徽桐城南）人范增前来求见项梁。项梁见来者虽然年事已高，却头脑清晰，反应敏捷，便对他甚为敬重，毕恭毕敬地请他就立楚王事谈谈见解。范增也不客气，立刻讲了一番道理。他说："陈胜失败是必然的，关键是他在立楚王之事上失算了。昔日秦国灭六国，楚国最为冤屈，怀王死在秦国，楚人至今仍怜惜他，故楚国善观阴阳者称'楚虽三户，亡秦必楚'。陈胜举事，不立楚王的后人而自立为楚王，就注定他的势运不会长久，因为不便于争取楚国人心。你今日起于江东，楚国的将领一窝蜂地追随你，就因为你家祖祖辈辈做楚国的大将，认为你能带领大家恢复楚国，立楚王的后人为王。"

项梁听从范增的意见，从民间找寻楚王的后代，结果在放羊的孩子中找到了楚怀王的一个叫"心"的孙子。因为大家仍怀念楚怀王，项梁就和众人商议立他为楚怀王，以顺应人民的愿望。怀王立，乃拜陈婴为下柱国，封给他五个县，与怀王一同驻都城盱眙（今江苏盱眙东北）。项梁自号为武信君。

队伍休整了几个月，项梁、项羽又带兵进攻亢父（今山东济宁市南），又大破秦军于东阿（今山东阳谷东北），并追击秦军。项梁又让沛公和项羽转攻城阳（今山东莒县）。随后，项羽、沛公又在濮阳东击败秦军，秦军退缩到濮阳城里，濮阳一时攻不下，项羽、沛公攻定陶（今山东定陶），也未攻下，又西去扩张地盘，在雍丘（今河南杞县）大败秦军，斩丞相李斯的儿子大将李由。李由当时任三川郡守，三川乃关中门户，地位极其重要。李由被斩，表明关中已经失去主要屏障。

二十岁的残暴与昏庸
——二世胡亥

二世皇帝，是秦始皇的第十八子，名胡亥。在始皇病死沙丘以后，他与赵高、李斯合谋政变，继承了帝位。这一年，胡亥二十一岁。秦二世是历史上有名的昏君，他的残暴统治，比秦始皇有过之而无不及，在位仅仅三年多时间，就使秦政权的统治基础彻底崩溃了，随着秦二世被杀死，秦王朝的丧钟也敲响了。

始皇被安葬在骊山墓后，二世宣布说："先皇帝后宫嫔妃中凡没有子女的，不能放她们出去。"残暴地下令把这些嫔妃全部殉葬。下葬结束后，有人说工匠们制造了机关器具，他们对墓中布局及所藏宝物都知道，这样随葬贵重宝物的消息难免会泄露出去。于是当隆重的丧礼完毕，随葬宝物也已藏好后，二世下令封闭了墓道的中门，又把墓地最外面的一道门放下来，结果工匠们全部被封闭在墓道里边，没有一个人能出来。为掩人耳目，在墓上还栽种了草木，从外边看上去好像一座山。

二世在宫中闲着无事，就把赵高叫来一同商议，他对赵高说："人活在世上，就如同驾着六匹马的车从缝隙间飞过一样短暂。我既然已经君临天下了，想全部满足耳目方面的一切欲望，享受尽我所能想到的一切乐趣，使宗庙安宁而百姓归顺，永远占有天下，平安享我天年，这种想法能行得通吗？"

赵高回答说："这对于贤明的君主来说是能够做到的，而对昏乱的君主来说是应禁忌的。臣下请求说一句话，不敢回避遭到杀头的危险，希望陛下稍微注意一点。对于沙丘的密谋策划，各位公子和大臣都有怀疑，而这些公子都是皇上的兄长，大臣也都是先帝的旧臣。现在陛下刚刚即位，这些人的心里都有怨恨，不服气，恐怕他们会有变故。一想到这些，臣下就提心吊胆，生怕会有不好的结果。陛下您又怎么能在这种情况下安心享乐呢？”

二世问：“那应该怎么办呢？”

赵高趁机出主意说：“实行严峻的法律和残酷的刑罚，把犯法的和与他有瓜葛的人全都杀掉，直至灭族，除掉重要的大臣而疏远您的骨肉兄弟，给贫穷的人一点财富，给卑贱的人一点恩宠，把先帝的朝廷旧臣全部铲除，另外任命陛下亲近和信任的人并让他们留在您身边。这样就使一些人从心里对陛下感恩戴德，根除了隐患而杜绝了奸诈的阴谋，群臣没有谁不得到您的恩泽，承受您的厚德，陛下您就可以高枕无忧地纵情享乐了。没有比这更好的计谋了。”

二世采纳了赵高的建议，重新修订了秦律，申明法令。

不久，二世又暗中与赵高谋划说：“大臣们对我的做法都不服从，官吏们的影响力也还很强，还有各位公子必然要同我争权，我该怎样对付他们呢？”

赵高说：“有些话臣下本来就想说而没敢说。先帝在位时的大臣们，都是连续好几代名望显赫的人物，建功立业世代相传已经很久了。我赵高生来卑贱，现在幸蒙陛下抬举，让我身居高位，管理宫廷事务。大臣们对此并不满意，只是在表面上顺从我，实际上心里不服气。现在皇上巡视过了，何不借此机会查办郡县守尉中有罪的人，把他们杀掉，这样，在上可以使皇上的威严震慑天下，在下可以除去皇上一直看不上的人。现在的形势不能依靠文治而应取决于武力，希望陛下当机立断，不要犹豫，那么大臣们就来不及谋算了。圣明的君主招揽提拔那些闲杂人员，恩宠那些地位卑贱的人，赏赐那些经济贫困的人，接近那些被疏远的人，这样就能使上下归心而国家安定了。”

这些话很对二世的心思，他连声说好。于是二世根据他们重新修订过的法律判定许多大臣和各位公子、公主都有罪，把他们抓起来交给赵高，由他负责审讯法办，先后杀死了大臣蒙恬、蒙毅等人，并制造罪名大肆株连，逮捕了中郎、外郎、散郎等近侍小臣，几乎没有人能免受处罚，许多公子在咸阳和杜县被斩首示众，十个公主则在杜县被分裂肢体而处死，他们的家产全部没收归皇帝所有，受到株连被治罪的人不计其数。

公子高想外出逃命，又怕被株连灭族，就上书说：“先帝活着的时候，我进宫就赐给我食物，出宫就让我乘车。皇帝内府中的衣服，先帝赐给我穿；宫中马棚里的御马，先帝也赐给我骑。我本应该陪同先帝一起死去却没有做到，这是我作为人子的不孝，作为人臣的不忠。不忠不孝的人是没有理由活在世上的，臣下请求让我陪同先帝一起死，希望能把我安葬在骊山脚下。只请求皇上可怜、体察我的心情。”胡亥见到他的这封奏书以后，非常高兴，叫来赵高让他看过后说："这可以说是窘急无奈了吧？"赵高迎合着说："现在大臣们无时无刻不在担心自己的生死存亡，哪里还顾得上图谋造反呢！"于是胡亥答应了公子高的要求，赐给他十万钱安葬费。

当时的法令刑罚一天比一天残酷，大臣们进谏的被认为是诽谤，大官吏们为保住禄位而屈从讨好，朝廷上下人人自危。百姓们的苦难就更深重了，社会矛盾非常尖锐，想反叛朝廷的人越来越多，终于在二世元年（公元前209年）七月爆发了陈胜、吴广领导的农民大起义，起义军多是由楚地征来戍边的士兵；陈胜自立为楚王，国号为"张楚"。他住在陈县，派遣部下到处夺取土地。山东各个郡县中的年轻人，因为受尽了秦朝官吏的压迫，也都纷纷起来造反，杀掉郡守、郡尉、县令、县丞，以响应陈胜，并相继拥立了许多侯王，联合起来向西进攻，旗号都是讨伐秦王朝的，人数多得不可胜数。

掌管传达通报的谒者从山东回来，把那里起义造反的情况报告了二世。二世听了很不高兴，把谒者关了起来交给执法官吏处罚。以后再有谒者回来，当二世问起时，就都回答说："那只不过是一群盗匪，郡守、郡尉正在追捕，现在全部抓获了，不值得担忧。"二世很喜欢听这种假话。这时，武臣已自立为赵王，魏咎为魏王，田儋为齐王，刘邦在沛县起义，项梁在会稽郡起兵。

二世二年（公元前208年）冬天，陈胜派遣的周文等人向西打到了戏水，兵力有几十万。二世听说后大为吃惊，与群臣商量说："怎么办？"少府章邯说："盗匪已打过来了，人数多势力强，现在来不及征发附近各县的人组织军队了。修骊山墓的刑徒很多，请赦免他们，发给他们武器去迎击叛军。"于是二世下诏大赦天下，派章邯领兵出征，打败了周文的军队，周文败逃，被杀。二世又增派长史司马欣、董翳去帮助章邯攻打起义军，在定陶打败了项梁，在临济杀死了魏咎。楚地起义军将领被杀死了许多，受到了暂时的挫折。章邯又率军向北渡过黄河，到钜鹿攻打赵王歇等人。

秦军虽然在战场上暂时控制了局面，但朝廷内的斗争却日益尖锐了。赵高原来担任郎中令时，杀害的人和为了报私仇而陷害的人非常多，唯恐大臣们在入朝向二世报告军情时揭露他，就劝说二世："先帝登位治理天下时间很久，所以群臣不敢做非分的事，不敢进言异端邪说。现在陛下还很年轻，刚即皇位，怎么能跟公卿大臣在朝廷上议决大事呢？如果惩罚和奖励有不妥当的地方，就会把自己的弱点暴露给大臣们，这也就不能向天下人显示您的圣明了。天子之所以尊贵，就在于只让大臣听到他的声音，而不能看到他的面容，所以才自称为'朕'，朕就是征兆的意思。陛下不妨居住在深宫中，只和我及熟悉法律的侍中在一起，等着大臣们把公事呈报上来，等公文一旦呈上，咱们就可以研究后再决定怎样答复。这样，大臣们就不敢把疑难的事情呈奏给您，天下的人就会称颂您是圣明的君主了。”

二世听从了赵高的主意，这以后就不再坐在朝廷上接见大臣，深居在皇宫中，公卿大臣们很少有机会呈报军情大事，而赵高却常常在皇帝身边侍奉办事，这样一切事情都被赵高所操纵。

由于二世昏庸不理政事，各地起义的人更多了，关中军队被征发到东边去攻打起义军的人越来越多。右丞相冯去疾、左丞相李斯、将军冯劫进谏说：“关东各地的盗贼纷纷起来造反，朝廷下令军队前往讨伐，杀死的人很多，但是仍不能平息下去。盗贼那么多，主要是因为戍边、漕运、劳作的差事太苦了，赋税也太重了。我们请求暂时停止阿房宫的修建，减少戍边兵役和运输舶役。”

二世不但不听，反而下令把冯去疾、李斯、冯劫抓起来交给狱吏审讯，追究三人的其他罪过。冯去疾、冯劫看到秦王朝大势已去，二世已无可救药，就说：“身为将相不能受侮辱。”一起自杀了。李斯还想通过申辩求得二世的宽恕，但在赵高的陷害下，也被判处了死刑，腰斩在咸阳街市上。

秦代青铜龙

二世三年（公元前207年），章邯等指挥秦军包围了钜鹿，楚地起义军的上将军项羽率楚兵去救援钜鹿，双方展开激战。到这年夏天，章邯等因得不到增援，在与起义军的战斗中屡次败退，二世派人去责问章邯，章邯害怕了，就派长史司马欣回咸阳去汇报请示。但这时二世实际上已被赵高所控制，赵高既不接见司马欣，对他的汇报和要求也不予答复。司马欣感到安全没有保障，就赶紧逃走，赵高派人去追捕而没追到。司马欣跑回前线见到章邯说：“赵高在朝廷中掌权，将军您有功会被杀掉，无功也会被杀掉。”这时，项羽正加紧进攻秦军，在钜鹿城下俘虏了王离。在这种情况下，章邯等人就率兵二十万人投降起义部队，秦王朝军事力量基本上瓦解了。

二世也听到了一些起义军日益逼近的消息，但赵高谎称有病不去朝见，其他文武大臣也不敢向他讲实情。心中烦闷的秦二世梦见一只白虎咬了他的御车驾左边的骖马，他杀了那只白虎。醒来后他觉得奇怪，也很不愉快，就把太卜叫来，让算卦解梦。太卜说："泾水水神在作怪。"太卜就劝二世："陛下春秋两季郊外祭祀，供奉宗庙鬼神，因为斋戒时不虔诚，所以才会有这种噩梦。应该依照圣明君主的样子再虔诚斋戒一次。"

于是，二世就到上林苑中去斋戒。上林苑中，二世整天游玩射猎，一次有个行人走进上林苑中，二世竟然亲手把他射死取乐。赵高就利用这件事让他的女婿咸阳令阎乐出面弹劾，说是不知谁无故杀死了人，把尸体搬进了上林苑中，借以使二世丢脸，赵高则假意劝谏二世说："您作为天子无缘无故杀死没有罪的人，这是上帝所不允许的啊，鬼神也不会接受您的祭祀，上天将要降下灾祸，应该远远离开皇宫以祈祷消灾。"二世听信了赵高的话，离开皇宫又搬到望夷宫去居住、斋戒，他为了祭祀泾水水神，还把四匹白马沉到泾水里淹死。

秦二世在望夷宫刚住了三天，赵高担心他过问起义军的事，就抢先发动政变。

赵高和他的女婿阎乐、弟弟赵成策划杀掉二世。他们收买了郎中令为内应，并谎称山东各路的强盗打来了，假传二世的命令派阎乐带领官兵一千多人都穿上白色的衣服，手持武器突然来到望夷宫宫殿门前，把卫令仆射捆绑起来，喝问说："有盗贼从这里进去了，为什么不阻止？"卫令说："望夷宫周围戒备森严，盗贼怎么敢进入宫中？"阎乐不由分说斩了卫令，带领官兵径直冲进宫去，一边往前走一边射箭。

二世听到动静上楼台观看，看到官兵拿着武器向宫里包围过来，非常害怕，忙招呼宫里的人抵抗，但宫里的郎官宦官们猝不及防，有的逃跑，有的格斗，格斗的都被杀死了，被杀掉的共有几十个人。郎中令迎接阎乐等人一同冲了进去，用箭射中了二世的帷帐。二世很恼怒地叫左右的人，而左右的人都被吓得不敢动手抵抗了，身旁只有一个宦官仍服侍着二世没有离开。二世跑到内宫中，问这个宦官："你为什么不早告诉我实情，竟到了现在这种地步！"宦官回答说："为臣不敢说，才得以保全性命，如果早说了，我们这些人早就都被杀掉了，哪还能活到今天？"

阎乐走到跟前历数二世的罪状说："你骄横放纵，肆意诛杀，没有道德，全天下的人都背叛了你，该怎么办你自己心里清楚！"二世问："我可以见丞相吗？"阎乐说："不能见。"二世请求说："我希望得到一个郡做个王。"阎乐不答应。二世又请求说："我希望做个万户侯。"阎乐还是不答应。二世再次乞求说："我愿意和妻儿去做普通百姓，跟其他公子一样。"阎乐拒绝他说："我是奉了丞相的命令，为天下的人来诛杀你，你再提多少要求，我也不敢替你回报。”说完就指挥官兵上前，逼着二世自杀了。

一代昏君就这样结束了生命，二世的尸体被按照平民的规格，埋葬在杜南宜春苑中。

秦二世死后几十天，秦王朝就灭亡了。

仁者为王

——刘邦入关亡秦

项梁起兵以后，连破秦军，又斩李由，他越发不把秦军看在眼里，日益显露骄色。营里的谋士宋义告诫他：“打了胜仗后将领骄傲、士兵懈惰，准得失败。如今士兵已经开始懈惰，而秦兵气焰日盛，兵力还在不断增加，我替将军感到担心。”项梁仍沉浸在胜利的喜悦之中，根本不把宋义的劝告当作一回事。他觉得宋义在身边太絮叨，就派他出使齐国，想再约齐国一同攻秦。

西汉陶仓模型

宋义赴齐国的路上，遇齐国赴项梁处的使者高陵君显。宋义问他：“您是要去见武信君（项梁的号）吗?”高陵君说：“对。”宋义说：“我料定武信君必败。您慢走就能免于一死，快走就要一同遭殃。”高陵君跟宋义分别以后，在路上慢慢地磨日子，果然，他未到楚营，项梁就阵亡了。

秦兵连吃败仗后，为扭转颓势，秦二世调集大量部队支援章邯。秦军趁夜深人静时分，突袭楚军大营，大败楚军于定陶（今山东定陶），项梁战死。

当时，沛公刘邦与项羽正在陈留（今河南开封东南），听说项梁兵败身死，立即和吕臣一同率兵西撤，吕臣军驻扎在彭城（今江苏徐州）东，项羽军驻扎在彭城西，沛公刘邦军驻扎在砀。

秦将章邯已击破项梁军，认为楚地已无强劲的对手，不足忧虑，就渡过黄河，向北进攻赵国，又大胜。

秦军进攻的锋芒，使楚怀王大为惊恐，秦二世三年（公元前 207 年），楚怀王也由盱眙（今江苏盱眙东北）移都彭城，并合并吕臣、项羽两家的部队，由其亲自率领，任命沛公刘邦为砀郡长，封为武安侯，率领砀郡的部队；封项羽为长安侯，号为鲁公；吕臣为司徒，其父吕青为令尹。

赵国在秦军的强大攻势下，几次派使者到彭城求救兵，楚怀王任命宋义为上将军，项羽为次将，范增为末将，北去救赵；命令沛公刘邦向西进攻秦地，争取入关，并与各方将领约定："先入关者为王。"

当时，秦国兵力仍很强大，经常乘胜向北进攻楚军各路部队。诸将畏惧秦兵，谁也不愿率先入关进攻秦国的都城。只有项羽怨恨秦兵击败项梁军，怒火中烧，急切地盼望能替叔父报仇。他向楚怀王请求，愿与沛公刘邦一同西进入关。楚怀王有心同意他的要求，可楚怀王手下的老臣都反对。他们说："项羽为人凶暴，过去他进攻襄城，破城后许多人都被他活埋了。凡被他攻陷的地方，没有一个不是残破灭绝。而且，我们几次向西进攻，陈王、项梁都失败了。由此看来，与其单凭武力西进，不如择一忠厚长者，挟'义'而西进，以告谕秦国父兄。秦国父兄受苦太久了，见长者到，不施暴，不劫掠，人心必然归附。项羽凶悍，不能让他去。只有沛公刘邦素来待人宽大，是忠厚长者，可以派遣。"于是，楚怀王不同意项羽西进，只派沛公刘邦向秦国进攻。

沛公刘邦西进途中，在昌邑（今山东金乡西北）遇到在那里起兵的彭越，两支部队合力攻秦，不利。刘邦率兵退回到栗（今河南夏邑），遇到刚武侯，刘邦将他手下的四千人全并入自己的部队，再攻昌邑，仍未攻下。于是，刘邦率兵绕过昌邑，进攻高阳（今河南杞县西南）。

高阳有个信奉儒学的老先生名叫郦食其，虽有满腹经纶，可由于天下大乱，不愿出来做官，就在乡里做了里监门吏。他职位很低，但心高气盛，县里人都叫他"狂生"。他甚爱喝酒，人称"高阳酒徒"。自陈胜、项梁起兵至刘邦率兵到来之前，已有几十名将领路过高阳。郦食其认为这些人没有一个能成就大事，就藏匿不出。沛公刘邦进攻陈留的时候，沛公手下的一个骑兵是郦食其的同乡，他告诉郦食其，刘邦一再询问邑中有哪些贤士豪俊。郦食其说："我观察了几十位起兵的将领，尽管刘邦待人傲慢，但他有雄才大略，我很愿意投奔他，只是没人为我介绍。你如果见了沛公可以告诉他：'我有个老乡郦先生，是个读书人，六十多岁了，大高个，别人说他是个疯子，他自己说并不疯。'"骑士说："沛公最不喜欢儒生，有戴着读书人帽子的儒生前来，沛公摘下人家的帽子在里面撒尿。与儒生谈话，他常常大骂，说他们没出息，我怎么能向他介绍你这个儒生呢？"郦食其说："你就照我说的告诉他。"骑士就依样画葫芦地把郦食其的话告诉了沛公。

沛公来到高阳，心里记挂着郦食其，就让人召他来。老先生来到刘邦的内室，刘邦正靠在床上让两个女子替他洗脚。他见郦食其来，连身子都未欠一下。郦食其见状，也只是作揖不拜。郦食其说："您打算帮助秦国打诸侯，还是打算帮助诸侯灭掉秦国呢？"沛公骂道："真是书呆子，天下人吃够了秦国的苦头，所以，诸侯合力攻秦。你怎么还说帮助秦国打诸侯呢？"郦食其说："您如果真想聚集义兵灭掉暴虐的秦国，就不该这么傲慢地接见年长之人。"刘邦自知礼亏，听老先生这么一说，脚还未洗完就赶快起身，整整衣服，请郦食其上坐，谢过先生后说："敬请先生指教。"

郦食其坐定，从容谈起六国纵横抗秦的往事，沛公听得高兴，又请郦食其吃饭。沛公问："您对我有何指教？"郦食其说："将军手下兵马不足万人，都是乌合之众，散乱之兵，以这点微不足道的兵力去进攻强大的秦国，无异于虎口掏食。依我看，不如先进攻陈留，陈留是天下要冲，四通八达，往来方便，没有险阻，城里又积存了许多秦国的粮食。我和县令交情不错，将军如果派我去劝降，有可能成功，他如果不听，那我就做内应，将军从外面进攻，一定能将陈留打下来。"

汉代青铜器上的龙饰

于是，沛公派郦食其去劝降，自己带兵在后面埋伏，里外接应，很快就攻下陈留。此役胜得轻松，沛公大喜，封郦食其为广野君。陈留一攻下，刘邦部队的粮食补给就有了保障，又增加了兵员。他让郦食其的弟弟郦商为将军，带领陈留的兵马，同他一起进攻开封。开封未攻下来。刘邦又西进与秦将杨熊在白马（今河南滑县东）作战，未胜，又战于曲遇东（今河南中牟东），大胜。杨熊败走荥阳（今河南荥阳），秦二世派人斩杨熊。刘邦又攻颍阳（今河南襄城东北），攻陷后，由于颍阳的人不愿服从沛公，刘邦就把他们全都杀了。

颍阳一带原是韩国张良打游击的地方。张良见沛公在此地作战，就带兵来投奔沛公。两军合力，很快又攻下韩国故地十余城。

沛公早就知道张良是不可多得的人才，过去又有一段交往，此时再次相遇，刘邦不愿再放张良回到韩王成那里。刘邦让韩王成留守阳翟（今河南禹县），张良随他南下。攻南阳郡，南阳郡守败走，据宛城（今河南南阳）拒守。沛公见宛城坚固，不易攻下，就绕过宛城，欲西进攻秦。张良劝刘邦道：“您虽然想尽快入关，但眼下秦兵力量仍很强大，如果不攻下宛城，强秦在前，宛城在后，势成犄角，我们就将陷入绝境。”

于是，沛公从别的道路率兵秘密返回。他让队伍更换了旗帜，黎明时分，围住宛城，里外三层，密不透风。南阳守想自尽，他的部下陈恢说：“现在还不到死的时候!”陈恢出城见沛公，说：“我听说怀王有约在先，‘先入咸阳者为王。’如今您为宛所牵累，宛是一大郡之都，郡内有几十城，人民众多，粮食满城，官员认为投降必死，所以都坚守不降。您如果整日进攻，必然有很多士兵战死；如果弃之西进，宛城的秦军必然尾随其后。前面的办法，将使您无法先入咸阳为王；后面的办法，又有受前后夹击而失败的祸患。我为您考虑，您不如与宛城的官员相约，若投降，封其守，让其继续为您守城。您带领宛城投降的士兵一同西进攻秦。后面诸城听说投降后可以封侯，将闻声争开城门等候您，那么，您进攻咸阳将不战而胜，畅行无阻。”沛公说：“太好了!”于是，封宛城守为殷侯，受降；封陈恢千户。随后刘邦率兵西进，果然一路顺利，兵不血刃，秦国的官员争开城门迎接刘邦。

沛公率兵到达丹水（今河南淅川西南），高武侯鳃、襄侯王陵投降。又攻胡阳（今河南唐河南），遇到番君的将军梅锠，同他一齐进攻析县（今河南西峡）、郦县（今河南内乡东北），两县的秦国守军全部投降。由于刘邦所率军队沿途不烧杀，不抢掠，秦国的人民都很高兴。这样的行动，也正应了楚怀王手下老臣的预想。秦国的人心悉数归附刘邦，这就不但壮大了沛公的声势和队伍，同时，促使秦国的军队迅速崩溃。

秦二世三年（公元前207年）八月，刘邦进了武关。这时，赵高已杀了秦二世，派人与刘邦联系，想和刘邦分别王关中。刘邦认为他可能有诈，没有答应。过了几天，秦王子婴又把赵高杀了，并派兵守卫峣关。刘邦想派两万人去攻击峣关秦军。张良向沛公建议："秦兵的力量仍很强大，不可轻敌。我听说峣关的秦将屠者子、贾竖贪于钱物，您可派人到峣关左右的山上布满旗帜作为疑兵，让郦食其、陆贾携带重礼去劝降秦将。"

沛公采纳了张良的计策。秦将看到山上布满刘邦军队的旗帜，认为抵抗没有获胜的希望，就接受了礼物，同意和刘邦军队联合，一同西进攻秦。郦食其、陆贾回来报告，刘邦很高兴，准备同秦将订立盟约。张良阻拦说："这只是秦将愿意归附将军，恐怕士兵不能心服，不如趁其懈怠出兵攻击他们，一定能收出其不意之效，大获全胜。"于是，刘邦又听从张良的建议，派大将周勃带领兵马绕过峣关，从东南侧面打进去。秦将由于准备投降，上至将军下至士兵，谁也没有防备刘邦会派兵来攻。慌乱之中，周勃已杀死了秦将，营内顿时大乱。主将一失，部队如同散沙，死的死，伤的伤，其余全部投降。五万人的守军顷刻土崩瓦解。

发现古经文的鲁壁

汉元年（公元前 206 年）十月，刘邦的军队进了关，领先于诸侯来到霸上（今陕西西安东）。秦王子婴带着大臣前来投降，车是白色，马是白色，形同戴孝。子婴脖子上套着绳子，手里拿着皇帝的玉玺、兵符、节杖，弯腰候在路旁。刘邦手下的将领大都是起义的农民，吃尽了秦国的苦头，纷纷主张杀掉子婴。刘邦说："最初，怀王让我西进入关，就是认为我能够宽容。人家既然已经投降，再杀掉他并不吉祥。"于是，收了玉玺、兵符、节杖，将子婴交给将士监管起来。

沛公遂入咸阳。将士们经过几番征战，如今大获全胜，顿时斗志松懈，见秦宫有无数的珍宝、玉器，纷纷争夺财物。沛公见秦宫华美无比，帷帐、犬马、宝物、美女数不胜数，心乱神迷，想在宫里享受人间富贵。樊哙斥责沛公说："您是要夺取天下，还是要做一个富家翁？这些奢华之物，正是秦国无道亡失天下之物，您要这些有什么用？请您赶快回到霸上，不要留在宫中，免得让天下人耻笑！”沛公不听。张良说：“秦国无道，所以沛公您能够至此，您来这里是为天下除掉残贼。天下人受尽秦国的压榨，您应保持朴素的本色，以抚慰人民。今天，刚刚灭掉秦国，您就贪图安乐，这正是所谓‘助桀为虐’，而且，忠言逆耳利于行，良药苦口利于病。愿沛公听从樊哙的劝告！”于是，沛公还军霸上。

十一月，沛公遍召关中诸县的父老、豪杰，向他们宣告：“父老乡亲苦于秦朝的苛法已经很久了。怀王曾与诸侯约定：先入关者为王。我应当在关中为王。为此，我与父老约法三章：杀人者死；伤人和偷盗的，按罪过的轻重办罪。除这三条之外，秦国的各种苛刻的法律、禁令一概废除。我们来这里是为百姓除害的，而不是来侵扰百姓的，我们不惊动官员和百姓，大家可以照常做事，不要恐慌。我如今还军霸上是要等诸侯来，约束他们。”随后，沛公又让人和秦朝的官吏到关中各县、乡、邑去告谕百姓。秦民闻之，大喜过望，争先恐后地拿着牛、羊、酒食慰劳沛公军士。沛公坚决推辞。他说：“我们的仓库里粮食很多，不缺粮，肉也不缺，大家不要破费。”此话一传十，十传百，于是人人皆知。百姓以往在秦国的欺压下度日，今日来了一位仁慈的、体恤下情的将军，人人感激涕零，关中父老唯恐沛公不为王。

波澜壮阔的战争画卷
——项羽破釜沉舟

秦将章邯杀掉项梁后，认为楚军已无实力，不足忧虑，就率大军渡过黄河攻击赵国。此时，赵国赵歇为王，陈馀为将，张耳为相。在秦军的攻击下，赵国不堪一击，赵王弃国都逃到钜鹿城，章邯命令王离、涉间围钜鹿，日夜进攻。章邯屯军城南，为防止赵军掠夺辎重，在路旁修筑起墙垣作甬道为王离输送粮草。陈馀当时率领从常山招来的几万人马驻扎在城北，在秦军的包围圈之外，张耳几次请陈馀救其突围，陈馀顾虑秦军气焰太盛，自己兵马太少，始终不敢跟秦兵交战。钜鹿城的危机日甚一日，万般无奈，赵王派使者逃出重围，找楚怀王讨救兵。

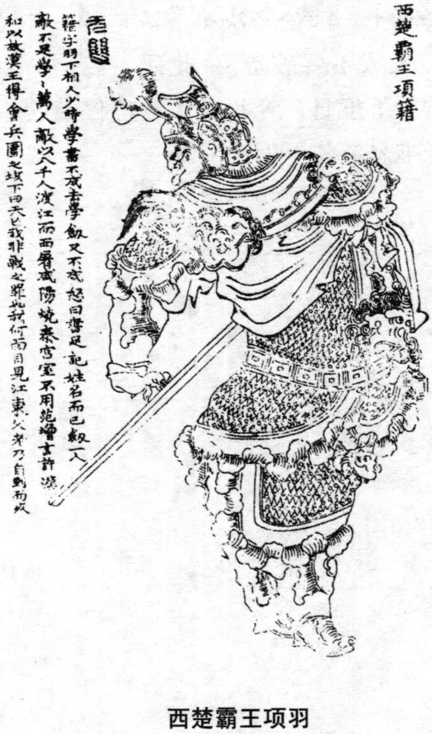

西楚霸王项羽

当时，楚、赵是唇齿相依的关系，如果不救赵，秦兵灭赵后，必如狂涛席卷而来，楚国将毫无招架之力。

可派谁为将去救助危赵呢？论作战勇武，公推项羽，可他的粗暴残忍，又令楚怀王和身边的老臣对其颇不信任。正当此时，项梁谋士宋义在赴齐国途中遇到的齐国使者高陵君显极力举荐宋义。他见到楚怀王后说："宋义在秦军进攻武信君之前就告诉我武信君必败，两军尚未交战，就看出败亡的征兆，这才是真正懂得兵法。如果不是听从宋义的劝告，我早就赶到楚营了，今天，恐怕已身首异处了。"

于是，楚怀王请宋义来议事，一番谈话后，甚为高兴，遂决定由宋义为上将军，项羽为次将，范增为末将，一同率军前去救赵。诸将都属宋义率领，为此，大家送其雅号叫"卿子冠军"。

卿子冠军宋义率领救赵的大军到了安阳（今山东曹县东），他知道秦军势力浩大，不敢贸然前去交锋，就在安阳驻扎下来。项羽见宋义屯兵不前，甚为着急，就央告宋义："我听说秦军包围赵王于钜鹿城内，形势甚为危急，我们应该赶快率兵渡河，我们和赵军里外合击，必能击败秦军。"宋义说："你说的办法太鲁莽了，依我的意见，还是再观望一下。眼下，秦赵相斗，秦若战胜，必然疲惫，我可以逸待劳，击败秦军；如果赵胜，我则可率兵而进灭掉秦国。所以，我们还是让秦赵分出个胜负再说。披甲作战，我比不上将军，可坐在帐篷里进行谋划，你可就不如我了。"

为了防止项羽擅自行动，宋义向军中下了一道命令："猛如虎，狠如羊，贪如狼者，如不听从命令，一律斩首。"

此时，宋义把他的儿子宋襄派到齐国去作相国，并亲自将其送到无盐，他还置办酒席，大宴宾客，灯红酒绿，好不热闹。可此时，部队在安阳已驻扎四十六天，军中粮米所剩不多，天又降大雨，士卒又寒又饥。项羽对宋义说："我们奉怀王之命，应戮力攻秦，如今久驻此地，今年收成不好，百姓贫苦，军中无粮，士卒靠菜豆度日，我们应该尽快渡河，从赵国那里取得粮食，同其一道攻秦，可你却饮酒作乐，大宴宾客，说什么要观望秦赵相斗，见机行事。以秦兵之强大，攻新立之赵，好比以虎食羊，必然灭赵，赵灭则秦军势力将更加强大！而且，我国军队刚刚战败，怀王坐不安席，国内之兵悉数归于将军，国家安危，在此一举，你不怜惜士兵而徇其私，不是社稷之臣！"

宋义大怒，斥责项羽，项羽见宋义一意孤行，不听劝告，且难以容人，一气之下，拔剑将宋义斩首。出帐后，他手提宋义首级，对士兵们说："宋义与齐国密谋反楚，楚怀王密令我将其杀掉，请大家不要多心！"

突然的变故，把诸将都震慑住了，谁也不敢多说一句话。本来，众人对宋义让大家在这里不明不白地驻扎，忍饥受冻就很不满，这会儿，见项羽将其杀掉，心里都很高兴，于是诸将说："首立楚国者，是将军家，将军如今杀掉宋义，是诛乱，我们都赞成！"杀掉宋义，军中不能无统帅，诸将商议后，共立项羽为假上将军。随后，项羽派人去追宋义的儿子宋襄，也将其杀掉；又派将军桓楚向楚怀王报告。怀王只好立项羽为上将军，当阳君英布、蒲将军都属项羽指挥。

项羽杀掉卿子冠军，威震楚国，名闻诸侯，随即率兵救赵。他先派当阳君英布、蒲将军率两万士兵渡过漳河，救钜鹿。两将军渡河后，占领了有利地势，断绝了章邯向王离军供应粮食的甬道，于是王离军也开始品尝缺粮的苦头。随后，项羽率领全军渡河。待全军渡过河后，他吩咐士兵，每人带上三天的干粮，凿沉船只，砸破饭锅，烧掉营舍，以示必死的决心。

沉船已毕，项羽率大军包围了秦军，两军相遇，各不相让。秦军气焰十分嚣张，他们出兵以来，所向无敌，根本不把楚军放在眼里，如今见楚军破釜沉舟，认为他们背水设阵，不懂兵法，更加轻视他们。而楚军自知已无退路，只有战胜秦军才有生路，所以楚军士兵个个英勇顽强，绝无反顾之心。双方的将领也是各怀必胜之心。王离是秦国的骁将，他出兵以来尚未遇到过真正的对手；项羽则发誓要替叔父报仇，战胜秦军。双方武艺高强，各怀绝技，各显锋芒，三天里，打了九仗。毕竟是项羽略胜一筹，他率军彻底断绝了王离接济粮食的甬道，王离军队没有了粮草供应，体力渐渐不支，终于领教了楚军的厉害。王离率军仓皇逃窜，项羽骑着乌骓紧紧追赶，一鞭将其打于马下，命士兵将其捆绑起来。秦将苏角也死于乱军之中；秦将涉间见大势已去，不愿降楚，在军营里放了一把火，自己烧死在里面。

这一仗，楚军不但在秦军中打出了威风，在攻秦的诸侯军中也名声大振。当时，前来救赵的诸侯军有十几队兵马，他们顾忌秦军的威势，都不敢与其作战，楚军攻击秦军时，诸侯将都在壁垒上观望，他们看到楚军战士每个都是以一当十，项羽作战如入无人之境，又听到楚兵进攻的呼声震动天地，他们这才发现天底下竟然还有比秦军更勇猛善战的部队，震惊得大气不敢出，伸出的舌头都忘了缩回去。

项羽击破秦军，召见诸侯将军，诸侯将军入辕门，都不敢站立仰视，一个个双膝跪地，爬着进去，每个人都对项羽佩服得五体投地，同时，内心又非常惧怕，因为他们从披甲作战之日起，还未见过如此勇武之人。这一仗，使项羽不仅在楚军中是堂堂的上将军，在诸侯将军的心目中，也成了公认的上将军，大家公推项羽担当此任，都愿做他的属下，共同灭秦。项羽自恃功高，也不推辞。

接着，赵王歇和张耳出了钜鹿城，首先向诸侯上将军项羽拜谢，又去各营谢过救赵的诸侯将军。张耳与陈馀相见，责备陈馀不肯救赵，陈馀抱怨张耳疑心太重，争吵之下，陈馀解下印绶，推给张耳，张耳惊愕，但在别人的劝告下，收取后不再推让。陈馀见状，带着几百个亲信离开赵国，到大泽之中去渔猎。昔日的两个好朋友变成了仇人。

王离全军覆没后，章邯军驻扎在棘原（今河北平乡西南），项羽军驻扎在漳南，两军相持未战。

此时，由于秦军数次退却，秦二世使人责问章邯，章邯恐惧，让长吏司马欣当面去向二世解释。司马欣到了咸阳就去通报，可一连等了三天，不要说见二世，连赵高也见不到。这时，他得到消息，赵高不但不信任他，还准备加害于他。他惊恐万分，赶紧回营向章邯奏报。他不敢走来时的故道，从小路逃回，赵高果然派人从故道追赶，因为道路不同，总算免于一死。

司马欣回到营中见到章邯，对他诉说了自己的遭遇，又说道："赵高掌权，下面的人什么事也干不成。如今，我们如果能战胜，赵高必然忌妒我们的功劳，我们不免一死；战败了，他要惩办我们，也不免一死。胜也死，败也死，请将军您拿个主意吧！"

此时，陈馀也给他写了一封信，信里说："今天，将军为秦将已经三年，十几万士兵在你的手下伤亡了。可是，起兵的诸侯不但未减少，反而越来越多。赵高一直阿谀蒙骗二世，如今，秦国面临危机，他担心二世杀他，所以，想杀掉将军，以推脱罪责。将军在外面日久，很难避免国内政敌的伤害，有功是死，无功是死，如今是天亡秦，不论愚智都知道，可将军您内不能直谏，外为亡国之将，却以一己之力而欲存将亡之国，这是多么悲哀之事！将军为什么不与诸侯合作，共同讨伐秦国。如此今后还可以分封为王，这总比为昏君卖命，身首异处，灭门九族要好吧？"

章邯此时真是被逼到了绝境，前面是项羽这员要替他叔父报仇的猛将，国内是欲置他于死地的赵高，真是进退两难。他权衡再三，觉得继续呆在赵高手下，只能是自投罗网，况且，就是不死，秦国形势已是危在旦夕，与诸侯军对抗到底，也只能是苟延残喘，死路一条。与其为秦王朝殉葬，还不如投降楚军，或许还有一条生路，于是，他悄悄地派军侯始成去同项羽联络，欲订立盟约。但由于章邯对项羽不十分信任，提出的条件过于苛刻，未能达成协议。

项羽命令蒲将军率领他的部队不分昼夜地渡过三户（漳水的一个渡口，在河南临漳），攻打章邯，章邯又打了败仗，逃到汙水（今临漳西南）。项羽率全部军队，在汙水再一次大胜秦军。

章邯无奈，再次派使者去见项羽，重新商讨订立盟约。项羽与军中的将领商议道："我们如今粮食所剩不多，如果再打下去，对我们也很不利，不如就同他们签约。"大家都同意。于是，项羽同使者约定日期，在洹水南殷虚（今河南安阳北）订立盟约。

秦二世三年（公元前207年）七月，项羽同章邯、司马欣、董翳在约定地点签约。章邯总算有了一条生路。此时，他在赵高手下的千般痛楚一起涌上心头，他向项羽哭诉赵高的残忍，项羽好言劝慰。随后，项羽立章邯为雍王，把他留在楚营里；立司马欣为秦军上将军，带着投降的二十万秦军走在队伍的前面。项羽自己带着章邯，率领楚军和诸侯的将士，浩浩荡荡向秦国进攻。

西进的部队到达新安（今河南渑池东），准备入关灭秦。最初，诸侯将士中不少人曾在秦国做过苦工，受过秦兵的凌辱。如今，秦军投降诸侯，诸侯将士见他们也有败在自己手里的一天，就拿秦兵当奴隶看待，让他们品尝一下被凌辱的味道，借以出出自己心中的闷气。

秦兵过去扫荡天下，哪里受过这种“待遇”，于是，对章邯诸将不满，私下议论道：“章将军等人欺骗我们投降诸侯，我们如果能入关破秦，最好不过，如果失败，诸侯带我们东逃，秦国必定要杀死我们的父母妻子，如何是好？”

诸侯将领听到他们的议论，报告了项羽。项羽就召英布、蒲将军商议道：“秦国投降的士兵人数不少，他们心里不服，如果进入关中他们不听命，那就危险了，不如全部杀掉，只留章邯、长史司马欣、都尉董翳一同入关。”二人同意，在一起细细地商议了行动计划，随后便分头去秘密布置。

项羽

当晚夜深人静时分，诸侯军突然包围了投降秦军的营垒，迅速收了他们的兵器，在新安城南，二十万手无寸铁的投降的秦兵全部被杀死、埋掉。

项羽杀掉投降的秦兵后，率军西进，一路几乎未遇到抵抗，很快就到了函谷关。但关上有兵守关，不让通行，项羽派人一打听，才知道守关的是刘邦的部队，沛公已占领咸阳，竟然走到他的前面了，按照“先入关者为王”的约定，刘邦就该封王了，而且还派人守关，将他拒之关外。他顿时怒火中烧，入关的心情更加急切。他命当阳君英布攻下关口，自己随之入关，率军屯兵于戏西。项羽和刘邦的一场龙虎之斗已不可避免了。

酒宴上的阴谋

——鸿门宴

楚怀王与诸将有约在先：先入关者为王。刘邦先于项羽入关，理应为王；可项羽兵多将广，又成为诸侯军上将军，也欲称王。一场龙虎之争已不可避免。刘邦屯军霸上，项羽屯军戏西，双方剑拔弩张，真是“山雨欲来风满楼”。

鸿门宴

这时，沛公左司马曹无伤向项羽告发刘邦：“沛公欲在关中称王，使子婴为相，秦国的珍宝尽归其所有。”曹无伤认准刘邦不是项羽的对手，希望借此在日后称王的项羽那里邀功请赏。这就犹如火上浇油，使形势更为紧张。

项羽闻言大怒，下令用美酒佳肴款待士兵，准备第二天一早向刘邦部队进攻。

此时，项羽的部队有四十万，号称一百万，驻扎在新丰鸿门（今陕西临潼东）；沛公的部队有十万，号称二十万，驻扎在霸上。两地间相距四十里。如果项羽的部队一发动，转眼就可到刘邦的营前，无论如何，刘邦也不是猛将项羽的对手。

为了坚定项羽作战的决心，范增说：“沛公在山东（指崤山以东的六国）的时候，又贪财，又好色，如今入关，他既不贪财，又不近女色，可见他的志向不小，如果我们今天不消灭他，他就是未来的天子，我们千万不要错过今日的机会。”

项羽的一个叔父叫项伯，是楚国左尹，此时在项羽营里。他和张良是非常亲密的朋友，而张良此时正在刘邦营里。他不想让自己的朋友不明不白地死在项羽的攻击之下，深夜骑马急急驰入刘邦营中，悄悄找到张良，告诉他大难即将临头，让张良赶快随他一同逃走。

项伯所以通报张良，不单单因为二人是好朋友，因为项伯知道，张良也是个难得的人才，如果死在乱军中，甚为可惜。张良祖辈世代为韩国的丞相，秦灭韩，张良在博浪沙击秦始皇未果，后藏匿。陈胜起义后，张良亦聚万余人，起而响应，后遇刘邦。张良谋略过人，曾为别人出谋划策，不为人重视，可沛公甚为敬重张良，常用其策。张良觉得沛公能知晓他的谋略，于是就跟随在刘邦左右。后来项梁立韩王，张良任韩司徒。不久，沛公西进攻秦，令韩王留守阳翟。他心中惦念张良这个难得的谋士，说服了韩王，又带张良一同西进，一路上，屡次用张良奇策，才顺利入关。

刘邦敬重张良，张良也感谢刘邦的知遇之恩，不愿只身逃走，他对项伯说：“韩王让我送沛公入关，沛公今天有危难，我一个人逃走太不仗义，我不能不告诉沛公。”于是，张良入沛公帐内，把危急的情形告诉沛公。

沛公大惊，说：“这可怎么办?”张良问：“谁为大王出主意不让项羽入关?”刘邦说：“鲰生告诉我说：‘派兵守关，不让诸侯进来，秦国的土地可尽为大王所有。’所以，我听从了他的意见。”张良问：“大王估算一下，能不能抗拒项羽?”刘邦沉默良久，才说：“无论如何也不能抵抗，这可怎么办呢?”张良说：“请大王随我见项伯，告诉他沛公不敢对抗项王!”沛公问：“你怎么和项伯有故交?”张良说：“秦朝时，他同我一齐游历，他杀人后，我救过他一命，今天，面临急变，他来告我，以图还报。”沛公问：“他和你谁年岁大?”张良说：“他是我的兄长。”沛公说：“你让他进来，我以兄长之礼待他!”

张良出去，邀项伯入帐，项伯即进帐见沛公。沛公见项伯进来，立刻起身，恭恭敬敬地请他坐上座，并吩咐属下摆上酒席。沛公又尊其为兄长，举杯为其祝寿，气氛甚为热烈。喝到兴头上，沛公与项伯又各自谈起自己的儿女。沛公得知项伯有一儿子尚未婚娶，立即提出把自己的女儿许给项伯的儿子，双方结为亲家。项伯见沛公也不是等闲人物，有这门亲家自然十分高兴。所以满口应承。接下来，张良在一旁为他们斟酒道喜。几巡酒下肚，彼此已经甚为亲近。

刘邦说："我入关以后，秋毫无犯，慰藉官员和百姓，特意等待项王入关，只是为了防备盗贼和匪患，我才派兵防守函谷关。我日夜盼望项王到来，怎么敢反抗项王呢？愿亲家务必在项王面前替我分辩，我对项王忠诚，绝不敢忘记他的恩德！"项伯对沛公说："我一定为你解释，可你明天一早必须亲自来向项王谢罪。"沛公说："一定！"

项伯连夜赶回鸿门，见到项羽后，把到刘邦营里救张良又遇到刘邦及刘邦的一番话告诉了项羽，随后说道："沛公如果不先攻入关中，你能这么顺利地入关吗？今天人家有大功而你却攻击他，太不仁义，我看还是善待他为好。"项王沉默了一会儿，表示同意。

汉代高台建筑模型

第二天天刚亮，刘邦就带着张良、樊哙等几个心腹和一百余骑到鸿门来见项羽。这一行人来到项羽的营中，见到项羽后，刘邦行过大礼，向项羽拜谢道："臣与将军戮力攻秦，将军战河北，臣战于河南，我万万未想到能先于将军入关破秦，能在此地再次见到将军。如今，是小人从中挑拨，使将军对我有疑心！"项羽漫不经心地说："还不是沛公左司马曹无伤说的。"

项羽听了沛公的一番表白，见沛公又甚为恭敬有礼，心境甚好。他留沛公饮酒，项王与项伯朝东坐了主位，亚父范增朝南坐，刘邦朝北坐，张良朝西侍候。五个人只有项羽与项伯心境平和，沛公惊恐不安，范增、张良则各存心事。

范增早就预见到项羽最为强劲的对手是刘邦，曾劝项羽用武力消灭他，如今，见事情出现如此变化，项羽竟然尽弃前嫌，举杯把盏地同刘邦叙起旧情来，一副心怀坦荡的样子，心中甚为焦急。他数次用眼神向项王示意，并先后三次举起佩在身上的玉暗示项王杀掉刘邦。项王会意，但没有一丝响应。

范增起身，到外面把项羽的叔伯兄弟项庄叫过来，对他耳语道："如今我们的心腹大患刘邦送上门来，这是天赐良机，我们应借机杀掉他。可项王为人太厚道，不忍动手。你要入内居前祝寿，寿毕，为之舞剑，乘隙于坐上杀掉沛公。今日不动手，日后我们都得成为他的阶下囚。"

项庄于是入内祝寿，然后对项王说："君王与沛公饮酒，军中没有什么可以助兴的，我愿为诸公舞剑。"项王说："好。"项庄遂拔剑起舞。可项庄舞剑，剑锋却总在沛公的鼻尖前晃来晃去，吓得沛公面如土色，冷汗直流。这时，项伯已经看出名堂来了。他起身对项羽说："一人舞，不如两人对舞，可以尽兴！"项王又说："好。"于是，项伯也拔剑起舞，每当项庄剑锋刺向沛公，他就以身体蔽护，使项庄无隙下手。

张良见状，立即起身至军门，找到樊哙。樊哙问："谈得怎样了?"张良说："情形甚为危急，项庄舞剑，其意常在沛公!"樊哙一听，火冒三丈，说："太危险了，让我进去，和沛公同生共死!"

樊哙即带剑持盾入军门，卫士阻止，樊哙用盾牌击倒卫士强行入内，面向西站在项王旁，怒目直视项王，头发直竖，眼角都要瞪裂了。项王按着剑问："你是什么人？来干什么?"张良抢先回答："他是沛公参乘樊哙。"项王说："真是一个壮士，赏他酒!"侍者给他一斗酒，樊哙拜谢，一饮而尽。项王甚爱壮士，见状，又说："赏他猪肘!"侍者又给他一只生猪肘。樊哙蹲下来，把盾牌覆在地上，把生猪肘置于盾牌之上，拔剑切成几片，生吞下去。项王说："好一个壮士，还能再饮酒吗?"樊哙说；"臣连死都不怕，饮酒算什么！秦王有虎狼之心，杀人不可胜数，刑罚苛刻仍嫌不够，故天下的人都反叛他。所以，怀王与诸将约定：'先破秦入咸阳者为王。'如今沛公先破秦入咸阳，秋毫无犯，封闭宫室，还军霸上，以待大王前来。他派兵防守函谷关，是为了防备盗贼出入与非常变故。劳苦功高如此，大王不但没有封侯之赏，反而听信谗言，要杀掉有功之人，这正是继续秦国灭亡之道，我认为大王不该如此行事。"项王面色尴尬，并不答话，只是说："坐。"樊哙就坐在张良旁边。

樊哙的举动，把项庄震慑住了，无人再舞剑，大家继续喝酒。此时，项王也开始想心事，气氛开始沉闷。又坐了一会儿，沛公起身上厕所，并呼樊哙一同出去。张良向项伯低声告辞，也跟了出去。

刘邦出来后，准备溜回自己营里，可他未向项王辞别，又觉得礼貌不够周全。他说：“出来了，还未辞行，这可怎么办？”樊哙说；“大行不顾细谨，大礼不辞小让。如今人家如同刀和菜板，我们如同鱼肉，都要被剁成肉泥了，还有什么好告辞的！”于是，沛公决定回霸上，令张良留下致谢。张良问：“大王带什么礼物没有？”沛公说，“我带白璧一双，准备献给项王；玉斗一双，想献给亚父。因为他们发怒了，我未敢献，请你代我献给他们。”张良说：“好吧！”

当时，项羽、刘邦两军相距四十里，刘邦决定抄近路回营。他不敢再坐车，只骑了一匹马，樊哙、夏侯婴、靳强、纪信四人握剑持盾随之步行。沛公对张良说：“从此道到霸上营中，不过二十里，你估计我已至军中，再入内向项王致谢。”

沛公久不回来，项王让都尉陈平召唤沛公。此时，张良估计沛公已至营中，便随陈平回到帐中。张良对项王和范增说：“沛公醉了，不能向大王辞行，为表示对大王的敬意，他让臣向大王奉献白璧一双，向大将军奉献玉斗一双。”项王问：“沛公呢？”张良说：“他怕将军的部下与他为难，独自脱身走了，现在或许已到军营了。”

项王不介意，接过玉璧，放置于几上；亚父接过玉斗，放在地上，拔剑将其击破，说：“唉！竖子不足与谋，日后夺项王天下者，必定是沛公，我们都得当他的俘虏！”

沛公回到营，立即杀掉曹无伤。

几天后，项羽率兵西入咸阳。他命人杀掉投降的秦王子婴；又放纵官兵焚烧秦国宫室，昔日金碧辉煌的阿房宫，变成一片火海，由于宫室广大，大火三月不熄。皇宫内的珍宝、女子被项王和诸侯军悉数掠尽。

汉代画像钱

秦国终于灭亡，推翻秦国的两个主要角色在关中粉墨登场，但效果各不相同。沛公曾约法三章，秦民大悦，唯恐刘邦不为王；如今，项羽之所为，秦民大失所望。此时，刘邦与项羽各自保存了实力，天下形势尚未决出分晓，但人心的向背已预示了日后天下将落于谁人之手。

战神传奇

——韩信拜将

韩信，祖籍淮阴，平民出身，少年时期家中十分贫穷。韩信不能读书，也没有什么好的品行。成年之后，他游手好闲，无所事事，既不能当官，又不能种田、做买卖。他经常到熟人家里混饭吃，不管人家愿不愿意，硬是赖着不走。人们都很讨厌他。一次，韩信到淮阴郡乡下县南昌亭长家中混饭吃，一吃就是几个月。亭长虽说与韩信关系不错，但时间久了便也有些不耐烦。亭长的夫人干脆大清早提前烧饭，然后把饭端到卧室里去吃。到了吃饭时间，韩信赶到那里，人家早已涮洗完毕，韩信只好饿着肚子。如此反复多次，韩信看出亭长一家的心思，十分生气，便断绝了同他们的关系，从此不再来往。

千金一饭

韩信无聊至极，便到城北的淮水岸边去钓鱼。淮水岸边有很多女人漂絮洗衣，其中有位老妇看韩信饿得可怜，就从家里带些饭来让韩信充饥。老妇人在岸边洗了数十天衣，韩信也就数十天没有挨饿。韩信十分感激，对这位老妇人说道：“将来我有了出头之日，一定加倍报答您的恩情！”老妇听后却不以为然地说；“大丈夫不能自己养活自己，靠别人施舍过日子，我都替你难为情！我只是看你饿得可怜才给你带些饭吃，哪里指望你来报答呢！”

淮阴地方有些屠夫小子，为非乡里，横行霸道，谁都不敢招惹。一次，他们看韩信一副穷酸相，便侮辱他说：“你虽然生得人高马大，喜欢带刀佩剑，其实你是一个胆小鬼。”其中有一少年，扯开上衣，走到韩信近前挑衅说：“韩信，你若不怕死，就用你的剑把我刺死，然后偿命；你若怕死，就从我裤裆下钻过去，我就饶了你！”韩信被这突如其来的事情弄得晕头转向，一时不知如何是好。他两眼盯着那少年，半天没有说话。一会儿，他伏下身体，真的从那少年裆下钻了过去。当时，围观的人很多，人们耻笑韩信是无能之辈、胆小鬼，韩信心中自有主张：“跟这些无赖拼命，不值得！”

陈胜、吴广起义后，项梁渡过淮水准备起事。韩信听到消息，便去投奔项梁。在项梁的手下干了一段时间，韩信表现平平，没有战绩。项梁的部队垮后，韩信又去投奔项羽，被项羽任命当卫士。韩信觉得自己机遇来了，屡次向项羽献奇策，以求重用。岂料，项羽乃一介武夫，对韩信毫不赏识，韩信仍旧默默无闻。

鸿门宴后，刘邦被封为汉王，前往汉中就封。韩信又从项羽手下跑到刘邦军中，寻求机遇。韩信担任粮仓管理员，因为参与了别人的犯法活动，被判死刑。同案的十三名犯人都已斩首，韩信排在最后，他对自己的命运感到悲伤，抬起头望着监刑官，说：“汉王不是要统一天下吗？天下没有统一，为什么要杀勇士？”监刑官是夏侯婴，他听了韩信的话甚为惊诧，再看韩信的状貌，相信此人不是等闲之辈，于是下令免他死罪，将他释放，召到帐下。夏侯婴同韩信一席交谈，更觉韩信非寻常之人，便报告了刘邦。刘邦把韩信召去，仔细地交谈了几次，没有发现韩信与众不同之处，也就随便安排韩信担任了负责粮饷的军需官。可是，萧何同韩信交谈了几次，发现韩信确实与众不同，是难得的将才。

刘邦率军开往南郑就封，部下官兵大多是中原人，思念故乡，不愿意到南郑去。就在开往南郑的途中，有几十员将领逃走了。韩信心中暗自盘算：“夏侯婴、萧何已经推荐我多次，刘邦始终不肯重用我，干脆死了心吧！”于是也寻机逃走了。萧何听闻韩信逃走，来不及向刘邦禀告，星夜兼程去追赶韩信。有人向刘邦报告：“相国萧何也跑了！”刘邦十分气恼。

两天后萧何来见刘邦，刘邦既生气又高兴，责骂道："你为什么逃走？"萧何忙解释说："我怎么会逃跑呢？我是去追回逃跑的人。"刘邦问："你追的是谁？"萧何回答："是韩信。"刘邦不高兴地说："逃走了几十人，你都不去追，却偏偏追回那个韩信，到底为什么？"萧何解释说："逃走的那些军官都是平庸之辈，今日失去，明日可以复得。但是，韩信这样的人，在当今天下，没有人能比得上他，大王如想在汉中长期称王，韩信当然没有大用；如果想夺取天下，扫灭群雄，必用韩信不可，没有人能够同他相比。不知大王您是怎么打算的？"刘邦回答："我怎么愿意死守这汉中之地，我要扫灭群雄，我要兼并天下！"萧何说："这么说，韩信留下就有用处了。如果大王肯用韩信，他就会留下；如果不肯用他，早晚他还会逃走。"刘邦不情愿地说："好吧，看在你的情面上，我任命韩信为将。"萧何继续说："即使大王用他为将，他也不会留下当一员普通的将。"刘邦迟疑了一下，然后说道："那就派他为大将！"

刘邦打算把韩信招来，立即任命他为大将，萧何劝阻道："大王一向待人随便，不讲礼节，如今要用人为大将，如同召唤仆人一般，这怎么能行！依我看，应该选个良辰吉日，沐浴斋戒，在广场上筑起高台，准备好拜大将的仪式，如此才行。"刘邦同意了萧何的意见，萧何就做具体准备去了。

拜将仪式准备得轰轰烈烈，有些将领以为自己将要被任命为大将了，很是高兴。到了拜将这一天，一见是韩信被任命为大将，大家都感到意外。

拜将典礼之后，韩信同刘邦坐到一起。刘邦问韩信道："萧相国屡次称赞将军有大将之才，将军有何安邦治国良策，请不吝赐教。"韩信说："在下不才，愿效犬马之劳。请问：大王想向关东发展，夺取天下，最大的对手是不是项羽？"刘邦回答："没错，是项羽。"韩信继续说："大王自己估量一下，从双方的兵力、武器的精良、作战的勇猛各方面比较，大王与项羽谁强谁弱呢？"

刘邦半晌没有作声，韩信说："大王比不过项羽。不仅您自己这样想，任何人都能看得出来。但是，我曾经与项羽打过交通，了解他的为人。项羽乃天下英雄，他一声怒吼，人们都吓得胆战心惊。可是，他有致命的弱点，不信任别人，不敢把权力交付给手下有能力的将官。所以，项羽之勇乃匹夫之勇。项羽待人表面上十分谦恭和善，部下生了病，他同情部下，甚至流泪，把自己的食物分给他们。但是，当部下立了大功，应该封爵的时候，他却极端吝啬，刻好的大印抓在手中不肯放开，把大印的棱角都磨圆了，还不愿授予别人。这是妇人之道，小仁小义，不识大体。虽然项羽目前作天下的领袖，各路将领都服从他，但他不听别人的劝告，放弃易守难攻的关中地区，却衣锦还乡跑回彭城，足见他没有战略眼光。这样的人，虽然目前耀武扬威，很快便会衰弱下去。大王应该以项羽所为为鉴。当年大王率军入关，废除秦王朝的苛政，军纪严明，秋毫无犯，同关中人民约法三章，秦地人民无不拍手称快。本来大王应该封王关中，这是事先约定的。但项羽背信弃义，硬是把大王封到汉中，秦地百姓无不因此怨恨项羽。现在大王起兵，只要派人给秦国故地送去一封文书，人们就会蜂起响应!”韩信一席长篇大论，说得刘邦目瞪口呆，惊叹韩信的韬略，大发相见恨晚的感慨。

刘邦派韩信、张耳率几万军队进攻赵国。从代地入赵，井陉关是必经之路。赵王歇和陈馀闻听汉军将要攻赵，把主力军集中在井陉关。当时赵军称有二十万人，军容甚壮。

拜将台

韩信深知屯兵井陉关隘路乃兵家大忌，在进山之前就派密探前去赵国窃取情报。离井陉口还有三十里，韩信下令大军停止前进，安营扎寨。一天深夜，韩信选出两千轻骑兵，每人拿着一面汉军小旗，从小路出发，到了可以看见赵军动静的山坡上，隐蔽起来等候攻击的命令。韩信指示率兵的军将说：“我军主力同赵军稍一交锋就佯装战败，赵军一定会全军出动追赶我们。此时，你们快速冲入赵军营垒，把赵军旗帜拔掉，插上我汉军的旗帜，夺取营垒，堵死赵军的归路!”

第二天清晨，大部队出发之前，韩信命部下军将给士兵发一点早餐，让士兵们垫垫肚子，并且告诉他们说：“今日攻破赵军，我军会餐慰劳大家!”将领们都不敢相信。韩信又同身边的将领们商议说：“目前，赵军占据有利地形，如果见不到我军的主将和主力部队，他们是不肯轻易出来的。我们应该设下圈套，诱敌出战。”于是派一万人作先头部队，开出营寨，面对赵军，背靠河水，摆成了阵势。赵军一见汉军摆成这种只能前进不得后退的阵容，大笑汉军愚蠢。

天色已经大亮，韩信登上战车，插上大将旗帜，擂响战鼓，大军浩浩荡荡开到井陉关前。赵军将士不把汉军放在眼里，求胜心切，立即冲出关门抗击汉军。两军相持一段时间，韩信、张耳佯装战败，抛弃掉主帅的旗鼓，迅速撤退到排在水边的军阵之中。赵军一见汉军后退，倾巢而出，争先恐后地掠夺汉军的旗鼓，向汉军压了过来。

韩信和张耳带领的先头部队退到水边，与那里的主力部队会合，然后发起反攻。将士们奋勇当先，以一当十拼死而战，挡住了赵军的冲击，双方形成拉锯战，一时胜负难决。此时，隐蔽在赵营附近的汉军两千轻骑兵见赵军倾巢而出，迅速冲入赵军营垒。赵营中的士兵怎会料到韩信这一手，兵荒马乱，被汉军打得东奔西窜。汉兵拔掉赵军的军旗，换上了汉军的军旗，死死守住井陉关口。

关口外的赵军原以为汉军不堪一击，未料与汉军相持不下，一时难决胜负，想收兵回营，回头一瞧，大本营早已被天降的汉兵占领，顿时军心大乱，将士四窜而逃。赵将虽竭力制止奔逃，斩杀逃亡士兵，然而无济于事。汉军两面夹攻，将士争先恐后，赵军死的死，降的降，成安君陈馀被杀，赵王歇被活捉。

战斗结束，将士把俘虏、斩杀的首级、缴获的军械物资交上，同向韩信称庆。有人问韩信："兵法讲，列阵时要右边背靠山，左边靠水。然而我们此次作战，将军却背水列阵，反其道而行。您事先告诉我们说，破了赵军再吃饭，当时我们简直不敢相信，现在果真是这样。请问您用的是什么战术?"韩信大笑解释道："这在兵法上是有依据的，只是诸位没有注意罢了！兵书中讲，陷之死地而后生，置之亡地而后存。我指挥的这些士兵平时没有受过我多少训练，我并不十分了解他们的实际作战能力，如同俗语所说是'指挥百姓去作战'。试想，在这种情况下，唯有把军队安置在只能前进、不能后退的绝境，使每个人意识到，只有拼命相拼才能活命，殊死作战才能取胜。相反，如果把军队安置在可进可退的有利地形，一遇危险士兵便逃，又怎么能与如此强大的赵军作战呢?"诸将听后惊叹不已，说："这是我们万万没有想到的。"

时势造英雄。没有秦末的战乱，或许韩信还是人们耻笑的无赖之徒。但是，韩信与那种游手好闲的人的区别在于，他胸怀壮志，不拘小节，为了远大前程可以忍辱负重。

君子斗智不斗力
——成皋之战

汉王刘邦率汉军主力与楚王项羽苦战于荥阳和成皋一带。汉军驻守荥阳，筑起甬道，同时利用河上交通运输粮食等军需品。为了断绝汉军的粮草供应，项羽屡次出兵侵夺汉军所运粮草。汉军粮食匮乏，刘邦深以为患，要求与楚讲和，中分天下，荥阳以西为汉王之地，以东为楚王之地。项羽也苦于连年征战，打算应允刘邦。项羽的谋士范增劝阻道："汉军是可以打败的。如果现在不抓住时机把刘邦除掉，恐怕会养痈为患，待他站稳脚跟，后悔也晚了！"项羽听取了范增的建议，拒绝了刘邦的要求，率主力急围荥阳。刘邦被团团围困荥阳城中，粮草断绝，孤立无援。部下陈平建议刘邦设法离间项羽同范增的关系，除掉范增，项羽也就容易对付了。刘邦采纳了陈平的计策。

一日，项羽派军使进入荥阳城内，刘邦派人盛宴招待。正当筵席进行到一半的时候，负责招待的官员装作仔细端看项羽的使者，突然惊讶地叫道："误会了，搞错了！我以为是范增将军的使者，原来不是，而是项羽的使者。"立即传令撤去盛宴，改换粗茶淡饭。项羽的军使一见如此场面十分吃惊，匆忙赶回报告了项羽。项羽哪知这是刘邦设下的诡计，竟真的怀疑范增同刘邦有勾结，不再信任范增，逐渐夺去了范增的兵权。

范增不知此中底细，对项羽的做法十分恼怒，最后忍受不了项羽的冷落，对项羽说："天下大局已定，大王自己处理好了。我范增年老力衰，不能再为大王尽力，想回乡养老去。"项羽本来就不放心范增，现在见范增主动提出辞职还乡，也就顺势答应了。范增为项羽立下汗马功劳，征战多年，没想到最后竟落到这种地步，气愤难忍，便立即打点行装回家，半途之中，积郁成疾，后背生出痈疮，暴病而亡。可惜范增乃天下少有的奇才，足智多谋，竟然被人诡计所害！

范增走后，项羽加紧围攻荥阳，形势万分危急。汉将纪信向刘邦提议："情况紧急，荥阳难以守住。我请求装作大王以诓骗楚军，大王趁机逃出荥阳。"刘邦眼见山穷水尽，也就采纳了纪信的计策。一天晚上，两军将士都已疲乏，突然荥阳东城门大开，走出许多如花似玉的女子，楚兵一见目瞪口呆。随后城中又出来两千甲士，楚军以为汉兵要突围而出，立即四面包围过来。这时，军将纪信穿王者袍服，乘黄屋车，从东门出来，假装汉王出降。楚兵信以为真，高呼万岁，一些楚将趁机掳掠城中放出的美女。就在此慌乱时刻，汉王刘邦带了数十快骑，从城西门冲出，直奔成皋（今河南荥阳汜水）。项羽闻听刘邦出降，赶到阵前仔细一看，只看到纪信，便问刘邦在哪里。纪信冷冷地说："汉王早已突围出城了！"项羽气得暴跳如雷，下令将纪信活活烧死。

刘邦逃出荥阳时，留下御史大夫周苛、枞公、魏豹共守荥阳城。周苛和枞公二人商议道："魏豹是叛降过来的人，这种人见风使舵，不会与我们共患难。"于是借机杀死了魏豹。尽管汉军守将殊死搏斗，但由于两军力量相差悬殊，荥阳城还是被楚军攻破了。项羽对周苛劝降道："我看你是真正的英雄好

彩绘汉墓兵马俑

汉，不愿杀你，到我这边来吧，我任命你为上将军，封三万户侯！"周苛大骂道："呸！汉王待我恩重如山，纵死难报。想让我降你，那是痴心妄想！我劝你还是放明白些，早早投降汉王，也好饶你不死。不然的话，你将成为阶下囚！"项羽是盖世的英豪，怎容得周苛如此辱骂，大怒，下令烹杀周苛、枞公二人。

汉王刘邦逃出荥阳后，向南入于宛、叶之间，得与九江王英布会合，集合零落的散兵，再次入守成皋。成皋地势险要，春秋时称“虎牢关”，乃兵家必争之地。汉王四年（公元前203年），项羽兵围成皋，刘邦寡不敌众，同夏侯婴从成皋北门渡河逃往修武（今河南西北部）。到修武后，收得韩信、张耳的军队，其他各路战将也渐渐会聚过来，汉军复振。楚军攻下成皋后，准备继续向西进攻，遭汉兵阻拒，两军相持下来。

此时，彭越渡过黄河攻击楚的东阿，杀死楚将薛公，进逼楚军大本营。项羽闻后方告急，立即回兵东向击彭越。刘邦见项羽东归，想率军渡河南进，受郑忠劝谏，便留军于河内，派刘贾带兵东去助彭越，烧掉楚军的粮草。项羽先后击破刘贾，杀败彭越。

为争中原之地，刘邦领兵南渡黄河，第三次入据成皋，占领广武，取得敖仓的军粮。项羽平定东方的乱局，掉头西来，在靠近广武的地方安营扎寨。楚汉两军相持数月。

东方的彭越经过休整，再次由梁地起兵，攻击楚军后方，拦截楚军粮运，项羽深为不安。他想尽快结束与刘邦的争斗，一时又难以取胜。盛怒之下，他命人制作了一个高腿的俎，把刘邦的父亲放在俎上，安置在汉军可以望见的高处，随后，派人告诉刘邦说：“汉军必须立即无条件投降，如不投降，楚军就烹杀刘太公！”

汉王刘邦一见项羽此时黔驴技穷，竟然想出这绝招，心中反倒有了底数。他装作若无其事的样子，对使者说：“我刘邦和项羽都是楚怀王的大臣，受命于怀王。怀王曾说：‘你们二人相约为兄弟。’既然如此，我刘邦的父亲也是项羽的父亲。如果项羽一定要烹杀他自己的父亲，告诉他分给我一碗肉汤！”使者回报，项羽大怒，要杀刘太公。项羽的部下项伯劝阻说：“天下局势尚不可预料，杀人之父，在舆论上影响也不好。争天下的人不为身家所累，杀死人父无济于事，还是另谋他策为好。”项羽一听觉得有理，也就没杀刘太公。

杀刘邦之父威胁刘邦之计未成，项羽便对刘邦说：“天下战乱不宁，生灵涂炭，只因你我二人相争。我愿意同你单枪匹马决战，一人对一人，一决雌雄。不要因为你我二人祸害天下！”老奸巨猾的刘邦冷笑着说：“我刘邦宁肯斗智，不愿斗力！”

无奈，项羽派勇士到汉军阵前挑战。刘邦不派人正面应战，安排部队中擅长射箭的楼烦人将挑战的楚兵射死。项羽再派，又被射死，连续三次。项羽大怒，亲自披甲上阵，前去挑战。楼烦人又要射箭，项羽怒目叱责，楼烦人吓得目不敢正视，手不能放箭，返身回到营垒，不敢再出。刘邦派人责问，方知因惧怕项羽而致，刘邦很是吃惊。

项羽靠近汉军阵前责骂刘邦，刘邦反唇指责项羽的不义行径。项羽怒不可遏，要与刘邦一战，刘邦不肯。刘邦历数项羽的罪状说："当初，我与你同受怀王之命，当时约定，先入关者为王，然而你背信弃义，依靠兵强马壮，把我封到巴蜀地区为王，这是你的罪状之一。你假传怀王圣旨，杀死卿子冠军宋义，夺了兵权，这是罪状之二。破赵之后，你应报告怀王，然而你非但不报告，反而擅自调集各路诸侯军入关，这是罪状之三。怀王曾有圣旨，入秦之后不许烧杀劫掠，而你却焚烧宫殿，盗掘坟墓，私取国家财物，这是罪状之四。擅自杀害投降的秦王子婴，这是罪状之五。你用欺诈手段，残酷地坑杀秦王朝的降卒二十万人，却封其将章邯为王，这是罪状之六。你任人唯亲，把亲信将官封在好地方，而把原来的齐王、赵王、韩王驱逐到荒远地区，使他们的臣下纷纷叛逆，这是罪状之七。你把义帝逐出彭城，自己占据彭城，又兼并韩、梁、楚之地，贪婪自私，这是罪状之八。你胆大包天，派人暗杀义帝于江南，此举天理难容，这是罪状之九。你有上述九大罪状，天下共诛！我统帅仁义之师，为民除害，替天行道。像你这样的邪恶罪人，我要用罪人杀你，何苦亲自同你搏战！"

受刘邦一番辱骂，项羽恼羞成怒，让暗中埋伏的弩手向刘邦疾射。刘邦猝不及防，胸部受伤。为稳定军心，他却握住自己的脚说："这混蛋射中了我的脚趾！"

为避免楚军乘机攻汉，张良请汉王刘邦硬撑着登上帅车，巡行三军，慰劳将士，以安抚士卒，然后，退回成皋养伤。伤势稍愈，刘邦又西行入关到栎阳，慰问父老乡亲，在栎阳停留四天，又急速返回前线，统军于广武，拉开了与项羽再战的序幕。

韩信只是小聪明
——策反韩信

楚汉战争愈演愈烈，双方一时难决胜负。在这种战争形势下，活跃着一位叱咤风云、决定战争结局的大将，他就是韩信。

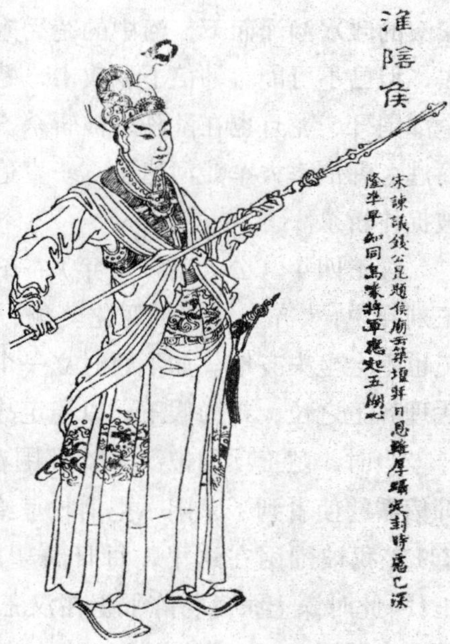

淮阴侯

井陉战后，韩信率汉军一举平定赵国，又用武力胁迫燕国归汉。刘邦率汉军主力与项羽的主力在河南连年苦战，得知韩信一路不断取胜，便从韩信手下调走部分军队以补充自己的力量，同时命令韩信夺取齐国，以威慑项羽的后方。

韩信率军攻克临淄，随后率军向东追击齐王田广。楚王项羽派大将龙且率二十万人马援救齐王田广。龙且赶到，与田广兵合一起，准备同韩信的汉军交战。

交战之前，有部下给龙且献计说：“汉兵深入齐国腹地，地形对他们不利，他们必会奋力死战，勇猛难挡。齐楚两国士兵在自家土地上作战，眷恋家室，容易溃散潜逃。因此，我们应该高筑营垒，坚守阵地以围困汉军；同时，让齐王派人招抚那些逃散的部下，坚守城池。那些被汉军控制的地区，听说齐王还在，又有楚国大军的支援，必会叛汉归齐。到了那时候，汉军远离故国，粮草运输困难，从齐国又得不到补给，不战自败。”龙且是随项羽百战百胜的大将，虽听说韩信勇猛，但也没把他放在眼里。他回答部下说：“我知道韩信那点武艺，要击败他算不了什么！况且，我的任务是援救齐国，消灭汉军，如果汉军不战而降，他们也不知我龙且的厉害。如果战胜了韩信，说不定楚王会把齐国的一半土地封给我，我怎能不战？”

楚汉两军在潍水一带拉开战幕，一在潍水西岸，一在潍水东岸。从兵力数量看，汉军人少，楚军兵多，汉军恐寡不敌众。于是韩信命士兵趁黑夜制做了一万多袋子，里面装上砂石，堵住上游的河水；到了白天，带领部分汉军渡河进攻，几个回合，便向后撤回。龙且高兴地叫道：“我早就知道韩信是个胆小鬼！”率主力向河对岸冲了过来。韩信见时机已到，命士兵挖开上游的砂袋，滚滚的潍水汹涌而下，河中的楚兵淹溺而死者不计其数，渡过河的大半想退回去，但已不可能。韩信下令攻击，楚军兵荒马乱，完全失去了战斗力，被汉军全部围歼，龙且也在乱阵中被斩杀。留在潍水东岸的楚齐军队见势不好，四散而逃。韩信率大军渡河追杀，一直追到城阳。剩下的楚军全都做了俘虏，田广被捉住斩杀。

汉王四年（公元前203年），齐境全部平定。韩信自恃功高，派人告诉汉王刘邦说：“齐人狡诈，变化莫测，是个屡降屡叛的国家。南面与楚相邻，楚王也不会坐失齐地。如不暂时立一个大将为齐王，齐地形势难稳。我请求暂时代理齐王之位，封为假王，以稳定战局。”

当时，楚王项羽把汉王刘邦围在荥阳，攻势甚猛，汉军的情况十分危急。韩信派的使者到了荥阳，把信札呈给刘邦。刘邦拆开信札一看，勃然大怒，骂道：“我被围困在这里，每日盼望你来救援，打退楚兵，你却要自立为假齐王！”此时谋士张良与陈平正在汉王一旁，一看汉王怒骂，知道事情不妙，立即暗中踩了汉王一脚。汉王一怔，停住了口。张良凑到汉王耳边小声说：“目前大王形势不利，韩信拥兵在外声威显赫，在这种情形下，怎能不答应他封王的要求？干脆就封他为齐王，给他恩惠，让他守住齐国，攻伐楚军，否则，恐怕韩信要闹乱子。”刘邦听罢，立即醒悟过来，顺势笑骂道：“大丈夫平定诸侯，功高当赏，封为真正的齐王才对，为什么要当假王！”立即派张良前往齐地，封韩信为齐王，同时调集他的部队攻楚。

项羽得报龙且战死，楚军救齐的部队全军覆灭，大吃一惊。他立即意识到韩信在楚汉战争中的重要，赶忙派盱眙人武涉游说韩信叛汉。武涉到了韩信军中，摇唇鼓舌说：“天下的人们苦于秦朝的暴政，人们实在无法忍受，于是大家相约协力灭秦。秦朝灭亡了，大家依照功劳的大小，封地称王，让士卒解甲归田，天下休兵。然而，汉王却不满意自己的封地，又兴战乱，攻占了三秦地区，带兵出关东向，攻掠其他王侯的封地。他的意图显而易见，要吞并天下，灭亡所有诸侯，否则不会罢休！汉王的贪心，永无止境。他的为人，不讲信义，唯利是图，这种人很难靠得住！他的性命几次落入项王手中，项王宽容他，给他生路。谁料他一旦逃脱，就违背约盟，兴兵攻伐。他是一个不可靠近、不可信赖的家伙。现在虽然他封你为齐王，但这是迫不得已，一旦他摆脱险境，立稳脚跟，便会找你算账！刘邦今日不杀你，是因为项羽还在，刘邦还需要你。楚汉相争，谁胜谁负，你是举足轻重的关键人物。如果你帮助汉王，汉王就得天下；如果你帮助楚王，楚王就得天下。项羽今日灭亡，你明日就会灭亡。你同楚王是故友，楚王很器重你，不如与楚王联合共击汉王。那样的话，三分天下，鼎足而立，可做一个盖世的王侯。如果放弃现在的机会，误信刘邦，攻打楚王，恐怕算不得聪明人！”

韩信听完武涉一番话，回答道：“当年天下乱起，我最先投奔项羽，然而，他却让我当守卫宫室的戍卒，提出建议不肯听，献上妙策不肯用。万般无奈，我才离开楚军到了汉王这里。汉王把我当作一个人才，给我大将兵权，率领几万军队；汉王还把自己的衣服脱下来给我穿，自己的饭食给我吃，听我的计策，对我十分信任，才使我韩信有了今天。我如果背叛汉王，天理不容。纵然到死，我也不会改变自己的心意。请你代我感谢项羽的好意。”韩信婉言谢绝了武涉的劝说。

武涉走后不久，汉军中有一儒生蒯通，深晓天下大势，也到韩信跟前出谋献策。此前，他曾在刘邦手下，为刘邦谋事。他痛恨秦王朝的残暴统治，想恢复山东六国的旧秩序，曾劝刘邦分封六国旧贵族为王。由于张良的劝阻，刘邦没有听从蒯通的计策。韩信越战越勇，在楚汉战争中起着日益重要的作用，蒯通又投奔到韩信这里。武涉走后，蒯通见有了时机，也向韩信跟前靠拢。他曾经学过相面术，据说能察知人的天性和命运，便想借此以说服韩信。

他对韩信说：“我过去学得相面之术，能相出未来命运。”

韩信一听，顿时有了兴趣，问道：“先生根据什么来判断一个人的贵贱寿夭呢?”

蒯通回答：“一个人或贵或贱，或寿或夭，通过观看其骨骼便知；或忧或喜，要看他脸上的气色；察其成败，则要看他的性情、对事情有无判断力和是否果断。依照上述三方面综合判断，定然万无一失！”

听蒯通讲得振振有词，韩信便想探知自己未来的命运如何，求问道：“太好了！请先生为我算算，看我未来如何？”

蒯通向韩信的周围巡视了一下，故作神秘地说，“天机不可泄露，请大王教周围的人退下，我再单独同大王详谈。”

韩信斥退了周围的武将和侍从，厅内只剩下他和蒯通二人，便说：“别人都走开了，只剩下你我二人，先生可以放心大胆地说来。”

蒯通坐到韩信的近前，端详了一下韩信，慢慢说道：“从您的面相看，将来最高不过封侯，而且还有不测的危险；从您的脊骨来看，将来贵不可言。”

韩信听得入神，思考了片刻，说道：“汉王待我恩厚，把自己的乘舆让我坐，自己的衣服给我穿，自己的饭给我吃。我也听古人说，乘人车舆，要为人分忧；穿人之衣，要为人分难；吃人家饭，要为人卖命。我怎么可以昧良心背叛汉王呢？”

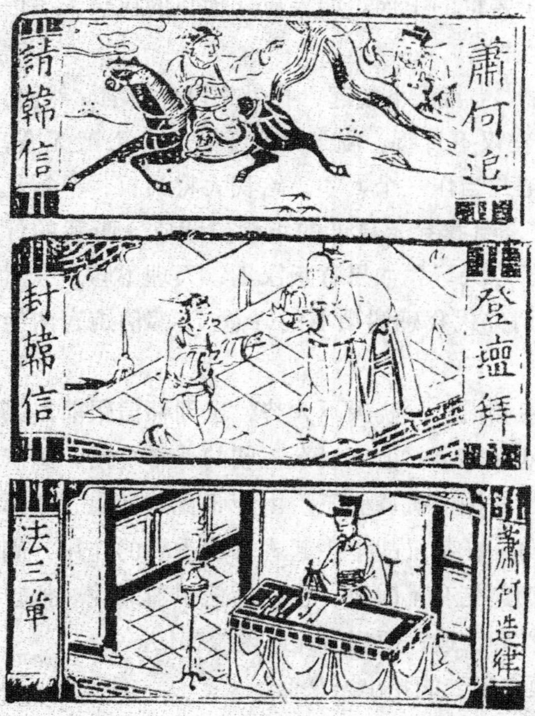

成也萧何，败也萧何

蒯通见齐王韩信仍不忘旧情，继续说：“大王自认为刘邦待己恩重如山，想要帮助刘邦成就大业，自己也好有个归宿，这是大错特错！从前，越国大夫文种和范蠡帮助勾践十年生聚，十年苦熬，最后灭掉吴国，报仇雪耻，使勾践称霸诸侯。可是，结局怎么样呢？范蠡流落异乡，文种想坐享江山，却反被逼得自杀身亡。古人云，狡兔死，猎狗烹。前车之覆，后车之鉴。我还听人们说，勇猛震主者身危，功盖天下者不赏。那就让我来说说大王的功劳吧：渡西河，掳魏王，擒夏说，一战夺取井陉关，平赵国，服燕国，随即平定齐国，灭项羽二十万大军，斩龙且。就战功而言，大王天下第一，没人可以相比。这样的功劳，有震主之威，盖天下之赏。大王留在汉，汉王猜忌您；投奔楚，楚王也不会放心。如此情势，您能到哪里去呢？然而，您现在处于臣下地位，我实在为您感到不安！”

韩信听得头昏脑涨，一时理不出头绪，便谢了蒯通的好心相告，说："先生不要再往下说了，容我考虑考虑吧！"

几天过后，蒯通未见韩信有什么反应，便又求见韩信，摒去众人，向韩信进言道："善于听取别人意见的人，能未兆而先谋；遇事能周密思考的人，能把握成败。若听取错误的建议，想不失败，那是很难的。一个人能听取别人的意见，善于自己去思考，处理事情轻重得宜，极少失误，那他就是一个胸有成竹的人，别人的花言巧语无法搅乱他，闲言碎语也不会影响他，这是智者。如果一个人安于现状，满足于既得的官位，甘心情愿地做人家的奴仆，就会失去卿相之位，甚至失掉掌握君权的机会。聪明人当机立断，平庸人遇事迟疑不决。对细琐小事斤斤计较不能忘怀，会遗忘天下大事！进一步说，即使一个人很聪明，知晓天下大势，但如果不能英明果断，也难得成功。常言道，猛虎爪牙能伤人毙命，因犹豫不决反被人擒；蜂虿弱小，但果断机敏，却使人生畏。千里马踌躇不前，比不上慢行的劣马；凶猛的勇士无所事事，反不如庸人有所作为。尧舜虽有智慧，但闭口一言不发，也不如又聋又哑打手势的人。上面这些例子都说明，成败的关键一是胸怀大局，一是英勇果断，缺乏哪一方面都不会成功。创业艰难，败业容易。机遇难得，容易错过。机遇呀，机遇，失去便永不会再来了，大王千万莫要错过呀！"

韩信有心割据一方，称雄天下，但他又怀念刘邦过去对自己的好处，不忍心背叛刘邦，首鼠两端，迟疑难决。反复再三，他还是感念刘邦的恩德，想到自己立了这么多战功，况且对刘邦问心无愧，刘邦是不会夺去自己齐王封爵的。思念至此，韩信拒绝了蒯通的献计。蒯通一看韩信不听苦心相劝，此事关系非同一般，稍有一点风声泄露出去就会招来杀身之祸，便佯装巫师疯疯癫癫以掩人耳目。

后来，汉王在与楚王的固陵战役中失利，采纳谋士张良之策，召齐王韩信参加垓下决战，一举击败楚军。项羽被击败后，刘邦乘韩信不备，削夺了韩信的兵权。不久，韩信被夺去齐国，改封楚王；再到后来，终于被冤杀在长乐宫钟室。

爱情悲歌

——霸王别姬

汉军大将韩信统军破赵降燕战齐，异军突起，严重威胁着项羽的大后方。项羽先派大将龙且率军救齐，企图与齐国联合击败韩信，不料被韩信打得惨败，全军覆没。随后，项羽又派盱眙人武涉游说韩信，鼓动韩信叛汉王，韩信不从，项羽的期望再次落空。祸不单行，汉将彭越也在梁地积极活动，攻克城池，劫掠楚兵军备物资。

在这种情况下，项羽决定先平灭彭越这一小股汉军，然后再全力攻击刘邦。他对大司马曹咎说："你留在这里，谨慎守住成皋，如遇汉军挑战，切莫出战。记住一条：不要使汉军东进！我此次带兵东伐，最多十五天必定打败彭越。待我平定梁地后，立即率军回到这里。"随后，项羽率楚军挥师东下，攻击陈留（今河南开封陈留），一战而克；又攻外黄（今河南民权西北），外黄守军拼死而战，项羽猛攻数日而不能克，后来守军力不能支，终于投降。项羽因外黄人顽强抵抗，延长了他东伐的时间，大怒，下令外黄城中十五岁以上男子都到城东集合，准备把他们就地杀死。

外黄城中有一少年，时年十三岁，听此消息十分惊骇，前往项羽处据理力争。他说；"彭越用武力攻下外黄，外黄城中人心恐惧，迫不得已才顺从彭越，但人们心中想念着楚王，盼望楚王早日归来。谁能料到，如今大王来到外黄，却要把外黄城中成年男子全都砍杀，百姓见此情景，今后怎会心服大王？且不说外黄，由这里向东十几座城池，人们闻听大王攻城必杀，谁还敢投降，谁还会心服？人们怕被杀，必会死力守城，大王还怎能得到城邑，恐怕今后是难上加难了！"十几岁的少年竟然说得项羽哑口无言。项羽钦佩少年的勇气和才智，撤回了杀戮的命令。自外黄挥师东进，楚军抵达睢阳，睢阳人闻听项羽军来，都争先恐后地出城投降，归附项羽。

项羽率大军离开后，大司马曹咎留守成皋。汉军闻听项羽离开的消息，屡次向曹咎挑战。曹咎遵守项羽的命令，坚持不出城迎战。为迫使曹咎出战，刘邦派人对曹咎百般侮辱。曹咎也是一员武将，怎受得如此欺辱，怒不可遏，一怒之下率军渡汜水攻击汉军。汉军早已作好充分准备，楚军正当渡河之时，汉军发起突然袭击。楚军猝不及防，被打得丢盔弃甲，四散逃命。大司马曹咎、长史董翳、塞王司马欣看到全军覆灭，无脸面再见项羽，拔剑自刎于汜水岸边。汉军劫获楚军全部军备物资。

此时项羽已得睢阳城，忽闻曹咎所统楚军全军覆没，大惊，立即率军返回，向汉军发起反攻。汉军攻到荥阳以东，围住楚将钟离昧，昼夜苦战。项羽率军赶到，汉军惧怕项羽的声威，沿险阻小路急忙退却。

成皋一战，汉军得到大批楚军物资，军械粮食充足；而项羽率军东奔西走，楚军疲惫不堪，又缺乏军粮。在这种局势下，汉王派陆贾为使者来到楚军，请求迎回刘邦的父亲刘太公，项羽不肯答应。陆贾回来后，刘邦又派侯公到项羽那里，提出汉楚双方举行和谈，平分天下，以鸿沟（今河南荥阳至淮阳一线）为界，鸿沟以西为汉地，以东为楚地，双方罢兵。项羽同意，遣返刘邦的父亲和妻子。刘太公、吕雉回到汉军中，将士高呼万岁。侯公功高，汉王封他为平国君，意思是说此人能和平邦国。汉王刘邦曾对别人讲："此人乃天下名士，所居之处，可以安国，故号为平国君。"奇怪的是，侯公接受刘邦的封爵，但自此后不肯再见刘邦。

韩信九里山十面埋伏

项羽同刘邦缔结停战协定后，便罢兵东归，据守自己的地盘。刘邦也准备带兵西归，谋士张良和陈平向刘邦提醒道："如今汉王拥有天下土地大半，人心也都归汉，而楚王正当兵疲粮尽之时，人心背离，这是上天要灭亡楚王！当此之机，大王不发动攻击，反而放走楚军，这正是放虎归山，后患无穷！依臣之计，应趁楚军乏力，发动攻击，可一战而胜！"汉王刘邦从不害怕别人说自己背信弃义，见有利可图，立即采纳了张良等人的建议。

汉王五年（公元前202年），刘邦率汉军尾随楚军至阳夏（今河南太康）之南，命令大军停止前进，派人通知韩信和彭越，约定共同合击楚军，在固陵（今河南淮阳西北）会战。依照约定，汉王率军按时赶到固陵，而韩信和彭越二人却没有如期来到。楚军向刘邦发起反击，大破汉军。汉王战败，退守壁垒。汉王困惑地对张良说："韩信和彭越不肯依照约定击楚，使我被困于此，你说如何是好？"张良不急不忙地对刘邦说："楚王将破，而韩信和彭越二人还没有受封土地，他们不肯前来灭楚，此乃情理当中的事！大王如能同他们二人共分天下，然后再让他们率兵灭楚，他们即刻便到。如果不能得到韩信、彭越的支援，楚军猛烈攻我，局势的发展很难预测。依臣愚见，大王派人正式通知韩信，将陈地以东直至海边的土地封授给他，将睢阳以北到谷城之地封给彭越，韩信和彭越二人定会如约前来，楚军很快就会溃败！"汉王听后大悟，拍案而起道："就这么办！"立即派使者分别赴韩信和彭越军中传达此意。

使者到了韩信和彭越那里，宣布了汉王给他们的封地。韩信和彭越都主动说："请立即回禀大王，我们马上出发！"

当时，韩信率领三十万大军，浩浩荡荡直扑楚军。韩信是楚汉战争中除项羽外无人可比的猛将，他的行动迅速转变了战争局势。项羽虽勇，但难敌三面的进攻，终致全线溃败，退至垓下（今安徽灵璧东南）。项羽败局已定，楚军大司马周殷率军叛楚，自舒城（今安徽杭埠河流域）发兵，攻破楚城池，带领九江之兵，随刘贾、彭越围楚王于垓下。

项羽率军在垓下修筑营垒，顽强抵抗。楚军兵少，军粮也将吃光，又被汉军重重包围。项羽率军突围，没有成功。一天夜里，项羽正在营中休息，忽闻周围汉军营中楚歌四起，大惊。楚王军中多是楚人，听到那凄凉的楚歌，不由得思念故乡的亲人，为身临绝境而伤感。楚王忧虑地说："为什么汉军中有那么多楚人？难道楚地都被汉军占领了吗？"惊惧之余，也无睡意，起身在帐中饮酒解忧。楚王有一美女，名叫虞姬，随从项羽东征西战，甚得项羽宠爱。项羽还有一匹天下无双的骏马，名叫骓，日行千里。四面楚歌，项羽面对美人和骏马，不禁百感交集，慷慨悲歌道："力拔山兮气盖世，时不利兮骓不逝。骓不逝兮可奈何，虞兮虞兮奈若何！”

楚王反复吟诵几遍，虞姬作了一首诗以和楚王。虞姬歌道：“汉兵已略地，四方楚歌声，大王意气尽，贱妾何聊生！”

楚王伤感至极，流下两行热泪，无尽感慨尽在不言之中。项羽周围的将领们看到如此场面，纷纷落泪，一片抽泣之声。

项羽决定拼死突围。他骑上骏马，一马当先冲出营垒。身边的将士也都跟随项羽，八百多人趁着夜幕低垂，突破重围，向东疾驰。黎明时刻，汉军才发觉楚王竟然突围而出，刘邦急派骑将灌婴率五千轻骑火速追赶。项羽渡过淮水，突围出来的只剩下一百余人。项羽一行慌不择路，到了阴陵，迷失方向，问一耕田的农夫，农夫故意哄骗说：“向左走。”项羽依言而行，不料走入一片沼泽之中，人困马乏，泥泞深陷，行走甚慢，而汉军追赶的骑兵越来越近。

霸王别姬

沼泽难行，项羽又带人掉头东行，到了东城，此时跟随项羽的只剩下二十八骑。汉军骑兵几千人已逼近。项羽感到自己已身临绝境，难以脱身，便对跟随的二十八位骑兵说：“自从我项羽起兵，至今已经整整八年，经历了七十多次战斗，谁敢抵挡我，谁就被击败；我向哪里进攻，哪里必定攻克！自我作战以来，从没有打过败仗。然而今日，竟然被困在这里，这是老天要灭亡我，并不是我作战无能！今日固然是死，但我要在死之前让你们看一看，我是怎样三次冲破包围，斩杀汉将，砍倒汉军旗帜的！我要让你们知道，今天我死，是上天的旨意，并非我自己的过错！”

说罢，项羽把二十八骑分为四队，分别向四个方向突围。这时，几千汉军骑兵把项羽围在中间，想突围出去，谈何容易！项羽振臂高呼道：“冲啊，看我斩一员汉将！”四队骑兵疾驰而走，冲出重围，在山侧分三处集合。项羽大声吼叫着冲杀，汉兵闻声魂飞魄散，项羽所向披靡，汉军被斩杀一将。

汉军骑将杨喜见项羽要突围而出，哪里肯放，打马死死追赶。项羽发现背后有人紧迫，回头猛喝一声，杨喜人马俱惊，不由得向后倒退数里而不能停！

楚兵突围后分别集中于三处，汉军不知项羽在哪一处，便将几千骑兵分为三部，各围一处。项羽见汉兵再次冲来，又打马冲杀过去，挥刀斩杀汉军一都尉，并杀汉兵数十人。项羽把骑士们集中起来，清点人数，仅亡二人。项羽对部下说：“我说到做到，你们都看到了吧！”众骑士都十分钦佩，齐声道：“看到了！”

项羽带着二十六个骑士退到乌江（在今安徽和县东北）西岸，准备渡江东归。乌江亭长得到消息，准备好船只，等待项羽上船。乌江亭长对项羽说：“大王，江东虽小，地方也有几千里，百姓数十万，足可以为一方之王，请大王赶紧上船，渡过江去。这里只有我这一条船，汉军追至也无法渡江。”项羽环顾四周，异常激动，狂笑道：“天要亡我，我渡江何益！想当年，我项羽带领江东八千子弟渡江西进，身负江东父老的厚望；而如今，只剩下我一人，没有一个江东子弟东归，辜负了父老乡亲的期望。纵使江东父老兄弟可怜我，拥我为王，我项羽有何脸面去见他们？我项羽心中有愧，愧对江东父老啊！”两行热泪潸然落下。项羽对乌江亭长说：“我知道您是一位有德行的长者，我无以回报，只有这骑了五年的战马，它所向无敌，日行千里，就送给您吧！”

项羽把骏马交给乌江亭长，命部下放开马匹，手持短兵器与汉兵作最后决战。楚兵以一当十，置生死于度外，项羽更是勇不可挡，杀死汉军数百人。项羽周身受伤十余处，拼杀之中发现汉军的骑司马吕马童。项羽问道：“你不是我的故友吕马童吗？”吕马童见项羽认出自己，有些惭愧，转头对汉将王翳说：“这就是楚王。”项羽说：“汉王悬赏我的人头，得我头者，赏千金，封万户。吕马童，我们既然是故友，我最后这点好处送给你吧！”说完挥剑自刎。

众汉将一见项羽命亡，纷纷冲上前。王翳砍下项羽的人头，其他人争斩项羽的身躯，相互践踏砍杀而死者数十人。杨喜、吕马童、吕胜、杨武各得项羽身体一部分。他们把项羽断尸献给汉王。汉王命合为一体，看见确是项羽的尸体，便把原来的封赏分成五份，封吕马童为中水侯，封王翳为杜衍侯，封杨喜为赤泉侯，封杨武为吴防侯，封吕胜为涅阳侯。

当年，楚怀王封项羽为鲁公。项羽死后，鲁地最后降汉。汉王下令以鲁公之礼把项羽葬于谷城（今山东平阴东阿），汉王刘邦亲临吊唁，哭项羽灵，方才离去。汉王还下令，不得杀害项羽的亲族，赐姓刘，封项伯为射阳侯，不知名者还有桃侯、平皋侯、玄武侯。

大风起兮云飞扬
——刘邦登基

汉王五年（公元前 202 年）十二月，垓下会战项羽被彻底击败，并自刎于乌江（在今安徽和县东北）。至此，持续四年之久的楚汉战争以刘邦胜利而宣告结束。十二月底，刘邦率群臣向北前进。经过韩信军队的统帅部定陶时，刘邦以突击方式收回了韩信的军权。正月，又发布诏令，更立韩信为楚王，都下邳（今江苏邳州市）；封彭越为梁王，都于陶（今山东定陶）；又派卢绾、刘贾率军击败占据江陵拒绝臣服的临江王共尉。刘邦还下诏说："持续不断的战争已有八年之久，万民受害最烈。现在，天下大事已定，赦免死罪以下罪犯。"

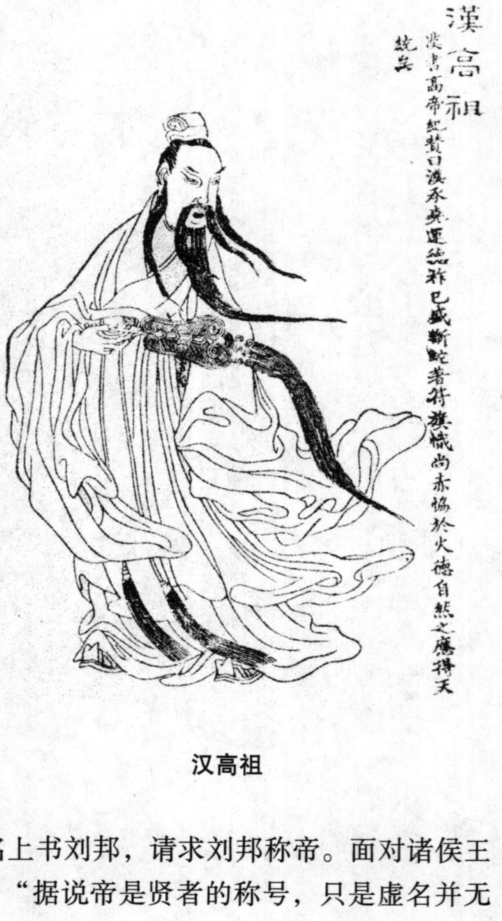

汉高祖

诸侯王和文武大臣联名上书刘邦，请求刘邦称帝。面对诸侯王的上疏请求，刘邦推让说："据说帝是贤者的称号，只是虚名并无其实，不能用。现在诸侯王都推高寡人，这怎么能相当呢?”一帮诸侯王一再请求，刘邦才勉强同意。

于是，诸侯王、卢绾等大臣三百余人，与博士叔孙通一起选择良辰吉日，定于二月甲午日，推拥刘邦上尊号。就在这一天，汉王刘邦在汜水之阳（今山东定陶境）即了皇帝位，算是完成了登基典礼，取得了统治中国的名正言顺的法定地位。

刘邦被尊为皇帝，立即行使皇帝权力着手巩固自己庞大的基业。他发布的第一个诏书就是封吴芮和无诸为王，以稳定广大的南方。他下诏说：“故衡山王吴芮与子二人，兄子一人，从百粤之兵，佐助诸侯，伐无道，诛暴秦，立有大功；诸侯共议立为王，而项羽却加以侵夺，去其王号，称为番君。现在以长沙、豫章、象郡、桂林、南海之地立番君吴芮为长沙王。”再下一诏说，“故粤王无诸世奉粤祀，秦侵夺其地，使其社稷不得血食。诸侯伐秦，无诸亲自率领闽中的兵力佐助灭秦，项羽却废而不立为王。现封无诸为闽粤王，封以闽中之地。”

吴芮长期为官江南，深孚民望；无诸为越王勾践之后，在闽越地区颇具号召力。刘邦封吴芮、无诸为王，为汉皇朝取得了一个稳定的南方，为以后对异姓诸侯王的斗争打下了基础，显示了刘邦政治上的深谋远虑。

刘邦在汜水之阳即皇帝位以后，就率领文武百官西至洛阳，决定以此为都城，五月，刘邦决定遣散士兵回家，以安定社会，恢复和发展生产。他下诏说：“诸侯子在关中的，十二年不征徭役，回归本土的，六年不征徭役。老百姓以前有的聚保于山泽之间，脱离了户口名数。现在，天下已定，应各归其县，恢复原来的爵位田宅，地方官吏应以文法教训，不要笞辱他们。百姓因为饥饿自卖为奴婢的，一律赦免为庶人。军吏卒逢大赦，无罪的，失去爵位的，及爵位不及大夫的，一律赐爵为大夫。原来是大夫的，一律再加赐一级。凡爵位在七大夫以上的，都让他们食邑；七大夫以下的，一律免去其身及家庭的徭役。”又说，“七大夫、公乘以上，都属于高爵。诸侯子及从军归乡的，很多有高爵。我曾数次下诏官吏，先给予他们田宅，有所求于官吏的，赶紧满足要求。有高爵的人，也属人君，皇上也为之尊礼，让他们久立吏前，很不足法。先前的时候，秦代民爵位至公大夫以上的，县令、县丞都对他毕恭毕敬。现在，我对于爵位并不轻视，官吏何以敢于如此！况且法律规定，以有功劳赏赐田宅，现在小吏未尝从军的，都已满足，而有军功的却反而顾不上，太背公向私了，守尉长官教训不善。现令官吏善待高爵，以称吾意。有不按诏书办事的，从重论处。”

刘邦登基后的这一诏书，对于社会生产的恢复，社会秩序的稳定，起了极大的作用，为新建立的皇朝的稳定打下丁牢固的基础，显示了作为开国帝王的非凡的政治远见。

刘邦在洛阳南宫大置酒筵为文武功臣庆功，并对楚汉战争的胜败经验加以总结。高起、王陵以为，项羽失在不与天下同利，又嫉贤妒能。刘邦说，公只知其一，不知其二。他总结说："张良能运筹帷幄之中，决胜于千里之外；萧何能镇国家，抚百姓，不绝粮道；韩信能统领百万之众，战必胜，攻必取。这三人，都是人中的英杰。我能信用他们，这就是我能取天下的原因。而项羽，只有一个谋士范增，算有点本领，项羽却疑而不用，这就是项羽失败的原因。"刘邦从用人路线方面总结了楚汉的成败原因，分析是相当有见地的，群臣皆服。

刘邦移驻洛阳以后，简派官员修缮宫室，加固城垣，打算长期以此为都城。这时候，齐地人娄敬被征发到陇西戍守，正好经过洛阳，见洛阳大兴土木，知道刘邦想长期以洛阳为都城。他放下小推车，穿着老羊皮袄，让同乡虞将军引见高祖，说有要事禀报。虞将军劝娄敬换一身新衣服，娄敬坚决不肯，他说："我穿帛衣，就帛衣见皇上；穿褐衣，就褐衣见皇上，不能再换衣服。"

虞将军引荐以后，刘邦答应召见，并问娄敬有什么话要说。娄敬问他："陛下以洛阳为都，难道是想同周代比盛大吗？"刘邦说："是这样。"娄敬劝刘邦说："陛下取天下同周代并不一样。周代先祖后稷，帝尧封之于邰，积德累善十余代。周代全盛时，天下和洽，不屯一卒，不战一士。陛下从丰沛起兵反秦，收卒三千人，以此卷蜀汉，定三秦，与项羽战于荥阳，争夺成皋，大战七十，小战四十，使天下百姓肝脑涂地，父子暴骨于原野，哭泣之声不绝于耳，伤痍者未得康复，而想同周代成、康之时相比盛大，臣窃以为不相配。"

然后，娄敬提出了在关中立都的建议。他说："秦地披山带河，四塞以为固，猝然事情紧急，百万大军可立待而成。借用秦人的故业，占据肥美膏腴之地，这就是人说的天府。陛下若入关而都，关东虽乱，而秦的故地可以保全。与人打架，不扼住喉咙，控制背部，必然不能获得全胜。若陛下入关而立都，凭借秦代旧地，也就是扼住了天下形势的喉咙而控制住了后背。"

听了娄敬的一番分析，刘邦还不能贸然作出迁都的决定，乃决定召集群臣商议。因为群臣大多是关东人，都说周代立洛阳为都，延续数百年，而秦都关中，则二世而亡，还是不如在洛阳建都。刘邦决定不下，决定召问谋士张良，听听他的意见。张良认为娄敬所言是正确的。于是，高祖刘邦采纳了娄敬的建议，即日下令起驾西迁，定都关中。为了表彰娄敬建议迁都关中的功劳，刘邦还赐姓娄敬姓“刘”，并任命刘敬做了郎中，号为奉春君。

汉五年（公元前202年）后九月，刘邦下令迁徙诸侯之子到关中，以巩固新都，并下令修建长乐宫。

汉殿论功

汉六年（公元前201年）时，刘邦住在栎阳（今陕西临潼），五日一朝见太公，对其父极尽人子之礼。这时，太公的家令对太公说：“天无二日，地无二王。皇帝虽然是儿子，然而是万民之主；太公虽然是父亲，然而是臣下，怎么能让人主来朝拜臣下呢？如此下去，威严必然得不到应有的尊重。”后来，刘邦再去朝见太公时，太公居然执人臣之礼，到门口迎接，退着走。刘邦大惊，赶快下扶太公。太公对刘邦说：“皇帝是万民之主，怎么能因我的缘故而变乱天下的秩序呢？”

五月丙午，刘邦下诏说：“人之至亲，不超过父子，所以，父亲有了天下则传给儿子。儿子拥有天下，则尊归于父亲。以前天下大乱，兵革并起，万民苦殃，朕亲自披坚执锐，身率士卒，冒着危难平定暴乱，封立诸侯，息兵安民，使天下大安，这都是太公教导的结果。诸王、侯、将军、群卿已尊朕为皇帝，而太公没有尊号。现在上太公尊号为太上皇。”

刘邦登基以后，厌恶秦朝苛酷的法律，烦琐的礼仪，一切简易为事。从他起兵的功臣，大都出身低微，对繁文缛节的礼仪知之甚少，不愿受到具体的约束，因而常常饮酒争功，喝醉了酒就大喊大叫，甚至拔剑击柱，相互斗打。这使得刘邦很厌恶。

长期追随刘邦的薛人叔孙通，原来是秦朝的待诏博士，对于礼仪非常精通，又很善于迎合当世的需要，他乘机对刘邦说："儒者难与进取，可与守成。我愿征鲁地的儒生，与我的弟子共同制订一套朝廷礼仪规定。"刘邦平常对儒生文人非常看不惯，甚至拿儒冠当尿壶，但对群臣不知一点上下之礼也很厌恶，就问叔孙通："不会太难吧?"叔孙通回答说："五帝不同乐，三王不同礼。所谓礼就是因时世人情制定的。所以说，所谓夏、商、周三代之礼所损益可知的意思，无非是说他们并不一样。我想采择一些古礼和秦仪式掺杂而成。"刘邦又叮嘱说："可以试着办。务必简单易行，考虑我能实行的来制定。"

于是，叔孙通到鲁地去征召儒生三十余人，其中有两人死不肯来，还讽刺叔孙通说："公所事者已有十个主子，都是面谀以得亲贵。现在天下刚刚安定，死者还未葬，伤者还未起，又想兴礼起乐。礼乐之兴起，必定要等待积德百年才能实行。我们不忍心跟着你去干。公所为不合于古，我们不干。你走吧，不要污辱我们了。"叔孙通只能自嘲地说："你们真是陋鄙之儒，如此不知时变。"

叔孙通带领自鲁地征来的三十个儒生归来后，又加上刘邦左右好学之士和自己的百余弟子，在长安郊外搭起帐篷，进行演习。一个月以后，请刘邦前来观看。刘邦看了他们的礼仪后，说："我能为之。"随即下令群臣照此演习。

汉七年（公元前200年）十月，长乐宫落成，按照叔孙通制定的朝仪，举行群臣朝拜皇帝的大典。按照礼仪：天亮之前，由谒者治礼，依次引导文武群臣按爵秩高低进入殿门，廷中陈设着车骑步卒卫队，手执各色旗帜和兵器。司礼官一声传呼，殿下郎中立即夹陛而立，每陛数百人。功臣、列侯、将军、军吏按照次序排列于殿下西边，面向东；文官自丞相以下依次排列在东边，面向西。大行设九宾之礼，上下互相转告。一切准备就绪，刘邦乘辇车出房升殿，百官执帜传声喝警。接着，刘邦升上御座，大行引诸侯王以下至六百石的官员依照次序，一一向皇帝致贺。这样，自诸侯王以下莫不震恐肃敬。贺礼而后，百官伏地而拜。接着，皇帝赐酒，大宴群臣。群臣在殿上皆俯伏低首，依尊卑次序举爵为皇上祝寿。酒过九行，谒者宣布"罢酒"。朝拜之中，由御史执法，将不按礼仪行事的官员引去惩治，因而，宴会自始至终，无人敢喧闹失礼。朝会之后，刘邦情不自禁地说："吾乃今日知为皇帝之贵也。"

高祖十二年（公元前195年）十月，刘邦途经故乡沛县，在沛县行宫举行盛大宴会，召集了所有的父老、故旧，开怀畅饮。他还派人找来一百二十名儿童，教他们唱歌。酒酣时，刘邦亲自击筑，引吭高歌："大风起兮云飞扬，威加海内兮归故乡，安得猛士兮守四方!”一百二十名儿童也跟着唱起来，如此重复数遍，歌声响彻云霄。刘邦仿佛忘掉自己是个帝王，一时兴起，竟然起舞助乐。这时他的心情是复杂的，他的歌声可以说是喜忧参半。喜的是：我刘邦在乱世中脱颖而出。忧的是：国家大局虽定，然而国内时有叛乱，边境又有匈奴为敌，创业已是不易，守成更难，如今我已老矣，体内又有伤，来日已不多，每遇不测，仍需亲行，万岁之后，刘氏天下是否能保住？哪里寻求猛士守卫边疆？

唱罢《大风歌》，一代大帝泪流满面……

丞相萧何不是狗

——功人与功狗

萧何是秦泗水郡沛县（今江苏沛县）人，因为办事认真，待人宽厚，才能超出同僚，被升为沛县主吏掾，即县令以下主事的官员。萧何是同刘邦一起反秦的最早的一批人之一，而且很早就同刘邦相友善。汉高祖刘邦起事之前，几次触犯刑律，全赖萧何从中庇护才得平安。刘邦为亭长后，又因其办事不细密，常出纰漏，萧何数次为他周旋，得以无事。刘邦曾率领一批民夫到咸阳服役，其中小吏一般都送给刘邦三百钱做路费，唯独萧何送刘邦五百钱。秦监察泗水郡的御史很欣赏萧何的才干，就任命萧何为卒史。监御史考核手下从吏的能力和功绩，萧何被评为第一。由于萧何治绩突出，监御史打算上奏朝廷，推荐萧何到秦皇朝中央做官。萧何坚辞不就，继续做他的小吏。

萧何

秦二世元年（公元前 209 年）七月，陈胜、吴广起事反秦以后，刘邦也聚众数百人隐藏于芒砀山泽之间。得到陈胜、吴广起事消息后，萧何、曹参就劝说秦沛令举兵反秦，同时建议他招来刘邦徒众，以号令沛县父老，共谋大计。当刘邦、樊哙率众赶来时，秦沛令又反悔，关闭城门，拒不接纳，而且想杀死萧何、曹参。萧何与曹参秘密从城上缒下，逃至刘邦军中，后协助刘邦杀死沛令，起事反秦。此后，刘邦称沛公，萧何被任命为沛丞，负责行政和后勤事务，一直跟随刘邦南征北战，是刘邦最有力的辅佐之一。

汉元年（公元前206年）十月，刘邦率军攻入关中，秦王子婴束手投降。进入咸阳以后，将领士兵纷纷跑到秦朝的府库中掠取金帛财物，只有萧何置金帛财物于不顾，进入秦丞相、御史府，将秦朝的法律、文书、档案秘籍和图书全部清点接收，使沛公刘邦得以具知天下形势险要、户口多少、强弱分布、百姓疾苦，为以后取胜定天下打下了基础。

项羽攻入关中以后，火烧咸阳，残破城市，掠取秦宫的宝货妇女；之后，又擅自裂地分封，改变楚怀王同诸将“先入关中者王之”的约定，将刘邦封在受大山阻隔的山坳里为汉王，以防止刘邦的势力扩大。汉王刘邦对项羽的分封不公、不讲信义大为震怒，准备发大军同项羽拼斗。周勃、樊哙、灌婴极力相劝，刘邦仍不能平息，萧何对刘邦说：“虽在汉中恶地为王，难道不比死要强一些吗?”刘邦忙问萧何：“你怎么能说是死呢?”萧何为他分析说：“现在人众兵马不如项羽，必定百战百败，不死何为？我希望大王能够到汉中做王，休养百姓招致贤人，同时收用巴蜀，然后可以还定三秦，这样，还是有希望获得天下的。”

听完萧何的一番分析，刘邦极为赞成，大叫正确。然后，刘邦率领人马来到汉中，并任命萧何为丞相。萧何做了丞相以后，迅速简派官员，把巴、蜀地区控制起来，这个从战国以来备受称誉的“天府之国”成了日后刘邦同项羽作战的总后方，源源不绝的士兵、粮秣和军资在萧何的精心组织下送到了楚汉战争的前线，为楚汉战争的胜利起到了战略总后方的作用。萧何的分析和措施显示了他的政治战略眼光。

韩信家贫无行，不得推择为吏，又不治商贾，常从人寄食，别人都很厌烦他。陈胜、吴广反秦以来，韩信仗剑从军，参加了项梁队伍。项梁死后，韩信屡次向项羽献策，项羽不予理睬，韩信被迫投靠刘邦，因犯法当斩，正碰上夏侯婴，才免一死。上荐给刘邦以后，韩信被任为治粟都尉。萧何发现了韩信的才能，后来韩信感到无用武之地，愤而出走，又是萧何月下追回韩信，力劝刘邦立坛拜将，重用韩信，使得韩信成为刘邦手下战功最著的军事将领，为楚汉战争的胜利起了关键作用。

汉元年（公元前206年）八月，刘邦开始进攻关中，萧何留守汉中，他全力经营巴蜀，征集兵源，筹集军资，源源不绝地保证了前线需要。汉二年（公元前205年），刘邦率军东出函谷关，千里奇袭彭城（今江苏徐州），萧何留守关中，以栎阳（今陕西临潼）为临时都城，辅佐太子刘盈，制定法令规章，严明约束，建立宗庙、社稷、宫室、县邑，使整个关中地区的社会和生产秩序走上了轨道，保证了刘邦有一个稳固的大后方。刘邦也给了萧何以治理后方的权力，凡后方军国大事，萧何上奏的一律批准，来不及上奏的，也予以认可，给了萧何以“便宜行事”的权力。刘邦在前线作战，几次几乎全军覆灭，全赖萧何在后方的筹措，不断征发兵士，保证了刘邦兵员和军资的补充，使刘邦能够败而复起。因此，刘邦将关中的军政大事放手交给萧何，使得萧何得以独立自主地展开创造性工作，大大提高了工作效能。

汉三年（公元前204年），刘邦和项羽在京、索一线对峙，战争很艰苦、残酷，萧何兢兢业业保证了前线的供给。为此，刘邦数次遣使到关中慰问萧何。谋士鲍生对萧何说：“现在汉王暴衣露盖作战于前线，却数次派使前来慰问你，是在怀疑你啊！所以，你不如派遣自己的子孙昆弟族人能打仗的一律到前线作战，这样，汉王一定更加信任你。”萧何依计而行，汉王刘邦果然十分高兴。

垓下会战打败项羽之后，高祖刘邦西都洛阳。汉五年（公元前202年）五月，汉高祖在洛阳南宫置酒褒奖功臣，让臣下述说汉成楚败的原因。高起、王陵说：“陛下使人攻城略地，战胜以后，就封赏臣下，与天下同利；而项羽则不然，功劳大的遭到嫉害，贤能的人受怀疑。这就是楚失天下、汉成天下的原因所在。”高祖刘邦说：“你们只知其一，不知其二。”然后，对自己手下的大臣给予一番评价。他说：“运筹于帷幄之中，决胜于千里之外，我不如张子房；整治国家，安抚百姓，供给饷馈，不绝粮道，我不如萧何；连百万之众，战必胜，攻必取，我不如韩信。这三个人是人中英杰，我能信用他们，这就是我之所以能取天下的根本原因。”可以说，萧何为楚汉战争的胜利做出了巨大贡献，刘邦的评价是公正的。

汉六年（公元前201年），登上皇帝宝座以后的刘邦，为酬赏跟随他南征北战的武将文臣，决定论功行封。但是文臣武将，因为争功，整日吵闹，甚至拔剑击柱，岁余不决。刘邦以为萧何功劳最大，就先封萧何为赞侯，食邑八千户。刘邦对萧何的封赏引起了将领们的不满，他们抗议说：“我们这些武将披坚执锐，冲锋陷阵，多者百余战，少者数十合，大小各有功劳。而现在，萧何并无汗马之劳，而封赏反而在我们之上，原因何在?”面对纠纠武夫的傲气，刘邦毫不客气地加以驳斥。他问武将：“你们知道打猎的事吗?”武将不明就里，回答说："知道。"刘邦又问："你们知道猎狗吗?"武将说："知道。"于是，刘邦奚落他们说："追杀野兽野兔的是猎狗，而指挥猎狗指示野兽踪迹的是猎人。现在你们武将攻城略地，只不过是如猎狗能得野兽罢了，是功狗；而萧何，如同指挥猎狗的猎人，是功人。而且，诸位只不过以一身随我征战，而多的也不过两三人，萧何却举宗数十人随我征战，功劳是不能忘的。"武将听了刘邦的这一番功人功狗之论，再也不敢讲话了。

功臣依次受封定赏以后，有一百多人获得侯爵。在排定上朝位次时，武将们又将曹参抬出来，借以用武将压文臣。他们认为，曹参攻城略地，身上受伤七十余处，立功最多，应位居第一。刘邦因为功人功狗之辩已经驳难了武将们一次，这一次排定位次就不想再驳难他们，没有说话，然而心里仍然以为萧何应功定第一。谒者鄂千秋窥测到刘邦的心意，就站出来为萧何评功摆好。他说："曹参虽有野战略地的功劳，这只不过是一时之事。皇上与西楚霸王项羽相持五年，常常失军丧众，只身逃遁者就有好几次。然而萧何总能从关中调兵遣将加以增补，皇上并没有诏令宣召萧何调兵增补，有好几次都是萧何调数万兵马刚好补缺皇上的困绝。汉与楚相拒荥阳数年之久，军中无粮，都是萧何转漕关中，供给军食使不匮乏。陛下数次失去关东，都是萧何守住完整的关中以待陛下，此乃万世的功业。现在虽然失去曹参这样的武将百余个，对于汉并不太缺乏，汉虽得之也不一定就能成功。怎么能以一日之功而加于万世之功以上呢？还是应定萧何第一，曹参次之。"刘邦马上表示赞同，立即发布命令，将萧何的位次定为第一，同时允许他带剑上殿，入朝不趋。为了答谢鄂千秋在关键时刻对萧何功劳的正确评价，刘邦还晋封鄂千秋为安平侯，增加食邑二千户；同一天，又悉封萧何的父子兄弟十余人，皆有食邑。

汉十一年（公元前196年），陈豨据代地反叛，刘邦亲征。被废为淮阴侯的韩信阴谋发动叛乱，吕后知悉后找萧何商量，萧何设计诈称陈豨已死，令群臣上殿庆贺，将韩信擒杀于长乐钟室，清除了汉皇朝的一大隐患。韩信拜将、发迹，由于萧何的推荐；韩信被杀，也出于萧何的谋划，故此，后世留下了"成也萧何，败也萧何"的评论。其实，萧何荐韩信和杀韩信，都是为了汉朝的利益，可以说，为汉皇朝的建立和巩固立下了汗马功劳。

刘邦接到诛杀韩信的报告，立即遣使回到长安，宣布晋升萧何为相国，益封五千户，又命令一都尉率五百士卒作为萧何的卫队。大小官员都到丞相府向萧何表示祝贺，只有以种瓜为生的原秦东陵侯召平前来哀悼。他对萧何说："您的大祸就自此开始了。陛下暴露于外而君守于中，没有被矢石的功劳而加封置卫的原因，在于现在淮阴侯韩信谋反刚刚被平定，陛下现在正怀疑您呢！

为君置卫以保卫您，并不是真的宠封您，希望您辞让不受，拿出全部家财以佐助战事，那么皇上必定很高兴。”萧何认为召平说得对，就依计而行，刘邦果然大为欢心。

汉十一年（公元前196年）七月，淮南王英布谋反。刘邦再次御驾亲征，萧何一如既往留镇京师。离长安后，刘邦不断从前线派使回到关中打听萧何的动静，使者回来报告说：“萧相国因为皇上率军亲征，乃安抚劝勉百姓，拿出所有资财以佐助国家军事，如同平定陈豨反叛时一样。”知道这件事后，说客劝萧何说：“您灭族的日子不远了。君位为相国而功定第一，不能再有所增加。君入关早，镇守时间长，非常得民心，已经十有余年了。关中的百姓都亲附您，您还在那里孜孜不怠地争取民心。皇上之所以数次派使前来慰问您的原因，是怕您倾动关中。您何不多买田地，贱价借贷以自污呢？如此，皇上就可以放心了。”萧何采纳了这个建议，依计而行，刘邦果然十分高兴。

汉初三杰

刘邦平定英布反叛，返军长安。关中的百姓道路遮行，拦驾叫冤，控告萧何买民田宅数千万。回来以后，萧何谒见高祖，刘邦就把百姓控告萧何强买民田的上书全部交给了他，让萧何自己向百姓谢罪，以便妥善处理。

汉十二年（公元前195年）初，萧何见长安附近人多地狭，而上林苑中多空地，闲弃无用，就为老百姓向刘邦请求，交给百姓耕种，免除其税。刘邦听后，大发雷霆，说：“萧相国大量接受商贾财物，为他们请求我的上林苑。”就将萧何交付廷尉，带枷入狱。过了几天，有一个姓王的卫尉殿中执勤，上前问刘邦说："萧相国有多大的罪过，使陛下系之大狱，给这么重的处罚。"刘邦说："我听说李斯做秦皇帝的丞相，有善归主，有恶归己。现在，相国多受商贾财物，替他们请求我的上林苑，是想自己求媚于百姓。所以，我把他交付廷尉，押系监狱。"王卫尉对刘邦说："如果政事真的有便于百姓而为之请政，这正是宰相的职分，陛下怎么能怀疑相国接受了商贾的财物呢？陛下与楚相持数年，陈豨、英布反叛的时候，陛下亲自带兵前去征讨，当时相国坐守关中，如果相国有所动作，恐怕关西地区早就不属于陛下了。况且秦皇正是因为听不到自己的过失才丧失天下的，李斯的错误做法，又何足效法？陛下怀疑萧相国太不应该。"一番话说得刘邦很不高兴。不过，就在当天，刘邦派使者持节赦萧何出狱。

萧何为自己子孙的未来设想得也很周到，他置田宅必居于穷乡之处，治理家产不修治垣屋。他常说："后代子孙如果贤能，就应效法我的俭约；如果后代不贤，也别为有势力的人家所夺。"

汉十二年（公元前 195 年）四月，刘邦死，其子刘盈继位，是为惠帝，萧何继续做相国，辅佐惠帝。惠帝二年（公元前 193 年）夏，萧何病重，惠帝亲到萧何家探视，问他，假定他百岁之后，谁可接替他的相国职位。萧何说，知臣莫如主。惠帝问他，曹参怎么样。萧何连连称是，表示赞成，而不计较论功行赏时同曹参积下的个人成见。

作为西汉皇朝的第一位丞相，萧何的政治生涯基本上同刘邦相始终，参与了刘邦自起事到做皇帝以后的一系列重大政治活动，为汉皇朝的创建和巩固立下了不朽的功勋。

刘邦大封功臣，称许萧何为指挥功狗的功人，功劳远高于武将，可说是对萧何功劳的一种公允评价。

皇帝女儿不愁嫁？

——平城之困

蒙恬以三十万大军北伐匈奴以后，因山筑城，因河为塞，修成著名的万里长城，又在北方屯驻庞大部队以阻止匈奴南进。于是，匈奴乃稍稍北迁。

秦末天下大乱，秦政府全部撤回了边防戍卒，北门大开，匈奴骑兵重新回到长城脚下，并再度侵入河套以内。楚汉战争期间，中原政权无暇北顾，匈奴在冒顿单于统治下，东灭东胡，西击月氏，南并楼烦、白羊，建立起空前强盛的政权。

冒顿是匈奴头曼单于的长子。由于头曼喜爱后娶的阏氏（匈奴称妻、妾为阏氏）所生少子，就将冒顿送往西边的月氏作人质，然后发大兵攻击月氏，试图借月氏之手将冒顿杀害。冒顿偷了月氏一匹“善马”逃了回来。头曼嘉其勇壮，命他统领一万名骑兵。冒顿乃创制一种鸣镝（响箭），用来训练他的骑兵。他下令：凡鸣镝发射而不跟着射其所射目标的，一律斩首；率骑狩猎时，凡不遵从他的规定发射的，一律斩首。不久，冒顿用鸣镝自射他的善马，凡不敢随着发射的，都被他杀掉。然后，他用鸣镝自射其爱妻，他又把不敢随他发射的人杀掉。后来，冒顿率众骑出猎，冒顿用鸣镝射自己喜爱的善马，骑兵们一起向鸣镝所射目标发射。有一天，冒顿随父出猎，冒顿突然以鸣镝射向头曼，骑兵也跟着发射，射杀了头曼。冒顿又把后母、弟弟及不服从的大族贵族杀死，自立为单于。

东胡听说冒顿立为单于后，派使者到匈奴，对冒顿说：“欲得头曼时的千里马。”冒顿问群臣，群臣皆曰：“此匈奴宝马也，勿与！”冒顿说：“怎么能同邻国相处而偏爱一匹马呢？”就送给了东胡。过了不久，东胡又派使到匈奴，要求得到单于的一个阏氏。冒顿征询臣下意思，群臣都说：“东胡太无理，请发兵击之。”冒顿却说：“怎么能同邻国相处而偏爱一个女人呢？”于是，就将自己所爱的阏氏送给了东胡。东胡王愈益骄横恣肆。东胡同匈奴边界中间有千余里的闲弃之地，双方各居一边，为瓯脱边界。东胡派使到匈奴，对冒顿单于说：“瓯脱闲弃之地无用，想占有了它。”冒顿征询臣下的意见。有的大臣说：“这块闲弃之地，给了也行，不给也行。”冒顿单于大怒说：“土地，是国家的根本，怎么能随便给人呢？”将同意给东胡地的人全杀掉，上马号令全国：“国中有后出者斩！”遂袭击东胡。东胡因为长期轻视冒顿，没有准备，被冒顿击灭。

冒顿灭了东胡以后，又向西出击，攻走了居于河西地的月氏人，占领河西地区，向南兼并了楼烦、白羊王，占据了河南地，侵入燕、代，全部收复秦时蒙恬所攻夺的匈奴故地，占领汉边关河南塞至于朝那（今宁夏固原）、肤施（今陕西榆林）。当时，中原之地正处于楚汉战争时期，疲于兵革之事。所以，冒顿强盛一时，控弦之士三十余万，威服北边各族，并严重威胁汉族北部边郡，建立起空前强盛的奴隶制政权。

西汉匈奴的牧羊图

汉六年（公元前201年）秋，匈奴单于冒顿引兵围攻马邑（今山西朔州），韩王信数次派出使者到匈奴请求和解。汉朝廷得到匈奴兵围马邑的消息后，立即发兵前往救援。汉军抵马邑后，侦知韩王信数次遣使去匈奴，就怀疑他背着朝廷与匈奴勾结。情况汇报到刘邦那里之后，刘邦致书韩王信，责备他“专死不勇，专生不任”。韩王信本来就对汉国不满，接到刘邦信后，认为危难之际刘邦对他不信任，害怕遭到诛杀，决定投降匈奴，配合匈奴骑兵袭击太原。

韩王信投降匈奴以后，匈奴南侵的气焰更加嚣张。匈奴骑兵迅速南下，越过句注（今山西代县西北），攻到晋阳。汉朝的北部边境出现了严重的危机。

刘邦得到韩王信叛降的消息之后，于汉七年（公元前200年）冬亲率大军北征。铜鞮（今山西沁水南）一战，大破韩王信军，斩其将王喜。韩王信逃往匈奴，他的部将曼丘臣、王黄立原赵国贵族赵利为王，收集残部，盘踞原韩王信封地，与韩王信及匈奴共同谋划联合进攻汉朝。匈奴冒顿单于派左、右贤王领兵万余骑，与王黄等驻屯广武（今山西代县）以南，并发兵攻至晋阳，汉兵出击，匈奴屡屡败走。然而，匈奴骑兵不久就又屯聚一处。汉兵乘胜追击，正赶上天下大雨雪，气温骤降，士卒们被冻掉手指的有十分之二三。

当时刘邦居停在晋阳，他听说匈奴冒顿单于在代北的山谷中时，准备进攻，就派人出使匈奴，以窥探匈奴虚实。冒顿单于将精壮的士兵和肥牛马藏匿起来，只让汉使者见到一些老弱的士兵和瘦弱的牲畜。出使匈奴的使者前后有十余辈，他们回来后，都说可以对匈奴实施攻击。刘邦又派刘敬出使匈奴，刘敬回来后对刘邦说："两国打仗，一般应该夸大显示自己的强盛。现在，我到匈奴去，只见到一些瘦弱的牲畜和老弱的士兵，这一定是匈奴故意显示短处，目的是埋伏奇兵以获得大利。我以为匈奴不可击。"当时汉兵已经越过了句注，二十余万士兵已经出发。刘邦大怒，骂刘敬："齐虏！徒以口舌取官，现在又妄言胡说来败坏军事。"将刘敬捆起来押在广武。

刘邦率大军北进，先到平城（今山西大同），大队兵马还未赶到，却被冒顿单于纵精兵四十万包围于平城白登山，史称平城之困。

陈平向刘邦献上秘计，派使厚送冒顿单于阏氏大量财物，劝她向冒顿进言。冒顿阏氏受了大量财物以后，就对冒顿说："两主不相困。即使得了汉地，单于最终也不能占有。况且汉主刘邦往往有神灵保佑，请单于细察。"冒顿单于曾与王黄、赵利约好了会兵的日期，而不见王黄、赵利的兵前来，怀疑他们俩同汉有阴谋，就将包围圈解开了一角。当时，正赶上天有大雾，汉朝派使节往来，匈奴骑兵竟然毫无知觉。于是，陈平组织强弓劲弩之士备好利箭，围成一个通道，护送刘邦由通道从解围的一角逃奔出来。后汉大军赶到，匈奴骑兵才解围而去。汉朝也罢兵而回，只是命令樊哙留下平定代地。

回到广武，刘邦为刘敬解了绑，说："我不听你的话，遂导致平城之困；我已经杀了前面出使匈奴的十辈使者了。"于是以二千户封刘敬为关内侯，号为建信侯。

刘邦北伐匈奴遭平城之困以后，匈奴更加紧了对汉朝北部边境的侵扰。汉八年（公元前199年），刘邦向刘敬请教对付匈奴的方略。刘敬为刘邦分析基本情况说，汉皇朝刚刚建立，天下初定，士卒苦于战事，百姓也没有从战乱中恢复过来。匈奴是一个武力强大的游牧民族，显然难以用武力战胜他。刘敬向刘邦提出了“和亲”的建议，劝刘邦将长公主嫁给匈奴冒顿单于为阏氏，另外奉送给匈奴一定数量的金、帛、絮、缯、酒、米等，同时开放关市，准许两族人民交易。汉与匈奴约以长城为界，北面游牧地带，归单于管领；南面“冠带之室”农耕民族由汉朝天子统治。汉匈双方各守边界，互不相扰。

高祖刘邦同意了这个建议，准备派遣长公主出嫁匈奴。吕后日夜涕泣，对刘邦说：“妾只有太子和这个女儿，况且已经嫁了人，怎么能忍心弃之匈奴。”刘邦决定不下，刘敬的建议并未能立即付诸实施。

汉十年（公元前197年）九月，代相陈豨反叛朝廷，与逃亡在匈奴的韩王信合谋侵扰代郡。刘邦令樊哙率兵征讨，在收复了代、雁门、云中等郡县以后，即对匈奴采取守势，没有出塞追击。但是，由于当时投降匈奴的汉将较多，他们伙同匈奴一起，屡屡南下侵扰，汉北部边郡深受其害。

西汉匈奴的杂技

为了缓和北部边境的紧张形势，刘邦决定实施刘敬建议的对匈奴“和亲”政策。他命刘敬为和亲使者，将宗室女称为长公主嫁与冒顿单于为阏氏，同时赠送大量的絮、缯、酒、米，与匈奴单于约为兄弟以“和亲”。

刘敬出使匈奴归来以后，向刘邦建议说：“匈奴白羊、楼烦王，离长安近者只有七百里，轻骑一日一夜就可来到秦中。由于长期战乱，秦中残破，人民少而土地肥沃。希望迁徙关东大族齐诸田、楚昭、屈、景等到关中，一来可以对付匈奴，二来可以对付关东广大地区，是一个强本弱末的好办法。”刘邦采取了这个办法，迁徙齐诸田和楚昭、屈、景、怀诸大族和豪杰之士到关中，共有十余万口。

刘邦为打击匈奴、加强北部边防，多次派出名将周勃、樊哙等，对叛逃匈奴的汉降将韩王信、陈豨、卢绾进行打击，并将韩王信和陈豨杀死。刘邦还把自己的儿子刘恒封为代王，刘建封为燕王，以功臣宿将为辅佐，率大军进驻北部边防前线，对匈奴进行积极的防御。

平城之困后实行的“和亲”政策，尽管是在汉匈力量对比对汉朝不利的情况下实行的，带有某种屈辱色彩，但由于“和亲”政策的实行，使汉匈关系的主流一直是和平而不是战争，使汉匈两个强大民族之间避免了大规模战争的发生，使汉朝获得了一个极其宝贵的恢复经济、发展生产、人民有较长时间休养生息的和平环境。

平城之困以后实行的和亲政策，在惠帝、吕后、文帝、景帝时期都得到了继承。尽管惠、文、景时期，匈奴骑兵仍不断南下侵扰汉朝北部边境，但随着汉朝生产的恢复和发展，国力的不断强大，匈奴的威胁越来越轻，匈奴自单于以下乐于同汉朝开关市贸易，互通有无。到汉武帝即位时，西汉皇朝终于达到了它在政治、经济和军事的强盛时期。可以说，没有和亲政策带来的和平安宁，就没有强盛的西汉皇朝。

狡兔死，走狗烹
——韩信之死

韩信被刘邦拜为大将以后，屡立战功，为刘邦立下了汗马功劳，封齐王。在楚汉战争中，有人曾劝韩信拥兵自立，但韩信感念刘邦的知遇之恩，没有听从。

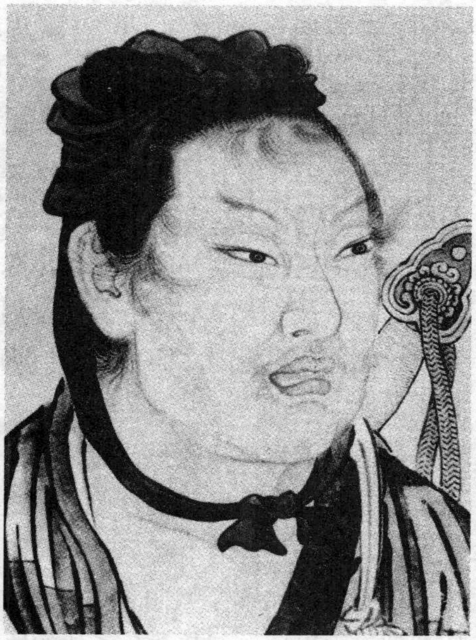

西汉三杰之一韩信

垓下之战打败了项羽之后，刘邦在回军途中经过韩信的统帅部驻地定陶时，在韩信不知不觉的情况下突然收回了韩信的将印，剥夺了他的兵权；接着，又改封韩信为楚王，都下邳（今江苏邳州），剥夺了他对连城七十、地广人众又有鱼盐之利的齐的封地，而改封的楚地，地处淮北，地方狭小，地瘠民贫，四面又无险可守。这样，面临的强敌项羽一破灭，刘邦就开始精心策划如何削弱韩信。而此时的韩信却还以汉的大功臣自居，考虑如何享受荣华富贵，还蒙在鼓里，而不知已经逼到身边的危险。

项羽手下的将军钟离眛，家在伊庐（今江苏连云港灌云）。韩信在项羽手下时，与钟离眛很要好。项羽死了以后，钟离眛就逃到韩信那里。刘邦怨恨钟离眛，听说他藏在楚地，就下诏楚王韩信，让他逮捕钟离昧。但韩信碍于故人情面，拖延未予执行。韩信到楚地就任楚王时间不长，所以，巡行县邑的时候，往往陈兵出入。刘邦派到楚地的耳目就密报韩信陈兵出入，意在谋反。

汉六年（公元前201年），刘邦接到密告韩信谋反的上书，很惊恐，召集诸将谋划。将军们一致主张发兵讨伐，刘邦默然不应。后来，他问陈平，陈平说："上书告韩信谋反这件事，不仅外人无从知晓，就是楚王韩信自己也还蒙在鼓里。"然后，他又分析道："若真打起仗来，您的兵力不如楚王韩信精良，而用兵的将领才能又不及韩信，这样的话，打起仗来，恐怕就危险了。"

刘邦问陈平该怎么办，陈平献计说："古时天子巡狩四方以会诸侯。南方有云梦泽，陛下可假说要游云梦泽，然后，在陈（今河南淮阳）会见诸侯。陈，在楚的西部边界，韩信若听说天子游云梦会诸侯于陈，一定以为无事而前来迎接。在谒见的时候，可以顺势将其擒拿，这只不过是一个力士就能干的事。"

刘邦采纳了陈平的建议，依计而行，向诸侯王发出游云梦、在陈大会的指示。将要至楚地的时候，韩信想发兵反叛，但又自以为无罪；想谒见汉王，又怕遭擒拿，犹豫未决。有人劝韩信说："斩杀钟离昧，提着钟离昧的头谒见天子，天子一定高兴，祸患就可以免除。"韩信就去找钟离昧商议此事，钟离昧说："汉天子之所以不攻击楚，是因为我在这儿。假若想捕杀我以献媚于汉，我今天死，公也会随之而亡。"钟离昧冲着韩信骂道："公非宽厚长者！"然后自刎而死。

韩信拿着钟离昧的头，谒见高祖刘邦于陈，刘邦命令武士逮捕韩信，载在后车上。韩信为自己呼冤叫屈，喊道："狡兔死，猎狗烹；飞鸟尽，良弓藏；敌国破，谋臣亡。天下已定，我就该死了。"高祖回头骂道："人家说你谋反，这已很明白，你不要喊叫了。"因为说韩信谋反，实在没有证据，所以，将韩信载到洛阳以后，刘邦赦免了他的罪过，削去楚王的封号和封地，又封他为淮阴侯。

韩信自己也知道原因在于汉高祖害怕自己的军事才能，所以常常称病不参加朝会。韩信日夜抱怨刘邦对自己不公，又耻于同绛侯周勃、灌夫之流居于同列。有一次，韩信经过樊哙的住处，樊哙跪拜迎送，言必称臣，很恭敬地说："大王竟然肯到臣家来。"出门以后，韩信自嘲说："想不到今生竟然与樊哙这样的人为伍！"

刘邦任命阳夏侯陈豨为赵国的相国，并监领赵、代两地的兵权。莅任前，陈豨特来向韩信辞行。韩信屏退左右，拉着陈豨的手，仰天长叹说："子可与言乎？我有话要跟你说。”韩信劝陈豨说：“公之所居，是天下精兵所处的地方；而公，是陛下的宠信之臣。如果有人说公要反叛朝廷，陛下一定不相信；再有人告公反叛朝廷，陛下就要怀疑了；若有三辈人告公反叛朝廷，陛下必大怒而将兵讨伐。我趁此时为公从内里而起，天下可图。”陈豨素来知道韩信的才能，听信了他的话，表示愿意听从韩信的命令。

诱杀韩信

汉十年（公元前 197 年），陈豨果然反叛。刘邦亲自带兵前去征讨，而韩信称病不从。韩信偷偷派人联络陈豨，告诉陈豨说：“弟举兵而起，我一定帮助你。”韩信还同家臣商议，准备夜间诈诏赦诸官徒奴，发兵袭击吕后和太子。部署完以后，只等陈豨的密报一到，就要开始行动。

韩信舍人乐说得罪了韩信，韩信将其囚禁以后，想杀了他。乐说的弟弟上书吕后，告发了韩信要谋反的事。吕后很害怕，就召来相国萧何共同策划。二人商定，让人诈称从前线归来，报告说陈豨已兵败身死，让群臣上朝祝贺。韩信听到这一消息，惊惧得不知所措。萧何前来会见韩信，劝他说：“你身体虽然欠安，但也应该强打精神上朝祝贺。”韩信听从了萧何的劝说，就前去上朝祝贺，一进宫门，就被吕后早已安排的武士缚住。

韩信很快被斩于长乐宫悬钟之室。至其死时，韩信非常后悔地说：“我后悔不听蒯通的话，今天反而为小女子所诈取而败，岂非天意！”韩信被杀后，还被夷三族。

高祖平定陈豨之叛回来以后，见到韩信已经死了，亦喜亦怜，就问吕后：“韩信死时说了什么话？”吕后告诉他：“韩信说悔恨不用蒯通的计谋。”高祖就下诏逮捕蒯通，问他："是你教淮阴侯韩信反叛我的吗?"蒯通坦然回答："是这样。竖子不用我的计策，所以造成这样的局面。假如他用了我的计策，陛下难道还能将他夷三族吗?"刘邦大怒，准备烹了他。蒯通高呼冤枉，他辩解说："秦朝失其纪纲，天下大乱，异姓并起，英俊乌集。秦失其鹿，于是高材疾足者先得。当是之时，我只知道有韩信，还不知道陛下您。况且天下之士集兵执器而想做陛下所做的事的人很多，只不过是力量不够罢了。难道陛下能把他们全部烹尽吗?"于是，刘邦赦免了他的罪过。

两千年前的彭大将军
——彭越的故事

彭越，字仲，昌邑（今山东金乡）人。陈胜起义前，彭越常在钜野泽中聚集众人“为群盗”。陈胜、项梁起事以后，昌邑少年纷纷劝说彭越：“现在诸侯豪杰之士并起而叛秦，你也可以起事，效法他们。”彭越辞谢说：“现在正是两龙方斗时，姑且等待一下吧。”

一年以后，聚集在钜野泽中的少年有百余人，他们一起投奔彭越，愿意以他为首领，起事反秦。彭越不愿意做他们的首领，应众少年强烈要求，彭越才答应下来。彭越与众少年约定明天日出聚会，后来者斩。第二天日出的时候，有十余人晚到。彭越说：“我已经年纪大了，不想再起事，你们强烈要求我做你们的首领。现在我们约定了会见的时刻，却有这么多人迟到，不能全部诛杀，请杀最后来的那个人。”马上命令校长斩之，以肃军纪，设立祭坛，立下军规，以号令徒属。从此以后，众少年很害怕彭越，不再敢冒犯军令，甚至不敢抬头仰视彭越。彭越就带领这一支一百多人的队伍走出钜野泽，向南发展，攻城略地，又收集诸侯散卒，队伍发展到一千余人。

秦二世二年（公元前208年），刘邦围攻昌邑，彭越率兵助之。因昌邑未被攻下，刘邦遂向西转移，彭越率军退居于钜野泽中，收集魏的散兵游卒。钜鹿之战以后，项羽率军入关，分封诸侯，而彭越率领的这一支独立队伍因为没有归属，又未从项羽入关灭秦，队伍虽发展至万余人，仍然未得项羽分封，彭越对此十分不满。

汉元年（公元前206年）秋，因愤于项羽分封不公，齐王田荣首先反叛项羽，刘邦回到关中，楚汉战争爆发。为了争取同盟者，打击项羽，刘邦派人赐给彭越将军印，让他攻击济阳（今山东定陶）的楚军。项羽令楚将萧公角反击彭越，被彭越打得大败。

汉二年（公元前 205 年）春，彭越与魏豹一起东向击楚，连连获胜，在外黄（今河南兰考）会见刘邦，率众三万余人归附了刘邦。刘邦对彭越大加褒奖，他说："彭将军收复魏地十余城，应马上立魏的后代为王。"西魏王豹是魏王咎的从弟，是魏的嫡系后代，刘邦决定立魏豹为魏王，任命彭越为魏相国，彭越获得了治理魏国的实权。彭越不但取得了官位，而且从刘邦那里得到了可以在东方便宜行事的权力。由此，彭越率军攻占了原魏国的大部分地区。

后来，项羽由齐地回师反击刘邦，刘邦骄傲轻敌，毫无准备，项羽一个猛烈反击，刘邦几十万军队全被打垮，刘邦只率数十骑人马逃了出来，一直退到荥阳。项羽打败刘邦以后，彭越攻占的大部分地区也被项羽占领，在楚大军面前，彭越率军退至黄河岸边。此后，彭越采取游击战术，神出鬼没地袭击楚军，主要以破坏楚军的粮食补给线为主要任务，给项羽造成了巨大威胁。

汉四年（公元前 203 年）冬，项羽与刘邦对峙于荥阳一线，彭越趁机攻下睢阳（今河南商丘）、外黄等地十七城。项羽得到彭越在梁地攻下大片土地，截断楚军粮食供给线的消息后，嘱咐大司马曹咎谨守成皋，勿与刘邦作战，然后带兵东归，大破彭越。彭越占领的大片地方重新被项羽夺回，彭越领兵北走谷城（今山东平阴）。汉五年（公元前 202 年）秋，项羽南走阳夏（今河南太康），彭越率军杀回，攻下昌邑及近旁二十余城，得到粮食十余万斛，用来供给汉王刘邦军食。

汉四年（公元前 203 年），刘邦在荥阳一线遭到项羽猛烈攻击的时候，彭越攻占了原魏国的大片土地，刘邦曾派使要求彭越西进会合共同对付项羽，被彭越婉拒。彭越说，魏地刚刚平定，还不稳定，害怕楚军，所以离不开。刘邦对此大为不满。

汉五年（公元前 202 年）十月，刘邦率汉军主力追击楚军至阳夏，派使者敦促彭越率军前来会合，结果彭越、韩信都不来会合，项羽一个反击，大败刘邦于固陵。彭越、韩信都不来会合，刘邦就请教张良。张良为他分析说："齐王韩信被立为王，并非出于君王的本意，韩信自己并不自信。而彭越，梁地本来是由他平定的，功劳最多。开始，君王因为魏豹的缘故，所以，才拜彭越为相国。现在魏豹死了没有后代，彭越当然也想称王，而君王不早作决定，人家当然不会来了。"张良建议刘邦说："与两人约定：打败楚以后，睢阳以北至谷城的土地，封给彭相国。陈以东至海边，封给齐王信。如果君王能捐出这两块土地以许二人，二人马上就来。如果不这样的话，天下的大事怕还不好说。"听了张良的一番分析，刘邦大梦方醒，决定采纳张良的建议，马上派使者到彭越处，许以封王。使者到了以后，彭越就率领全部人马参加了垓下会战。结果，诸军合力共同打败了项羽。楚汉战争结束以后，刘邦依言正式封彭越为梁王，以定陶为都城，基本上占有了原魏国的大部分土地。

彭越被封为梁王以后，于汉六年（公元前 201 年）朝见刘邦于陈（今河南淮阳）。刘邦伪游云梦，逮住了韩信，彭越对韩信并无同情之心。

汉十年（公元前 197 年）秋，陈豨据代地反叛汉朝。刘邦亲自率师前去征讨，至邯郸，同时派使者到梁，征梁国兵以进剿陈豨。刘邦的目的显然是想把彭越置于自己监视之下，以防止彭越趁此时反叛。彭越恐怕遭到刘邦暗算，就称病不从，只派了一个将军率兵赶赴邯郸，参加讨伐陈豨的战斗。刘邦见彭越未能亲自带兵前来会战，大为震怒，派人去责备彭越。彭越非常害怕，打算亲自到邯郸谢罪。彭越手下的将军扈辄建议说："君王刚开始不去会战，受到责备以后才去谢罪，去了就一定会被擒灭，不如发兵反叛。"梁王彭越并没有采纳扈辄的建议，而是继续称病。

诛杀彭越

梁国的太仆犯了罪激怒了彭越，彭越想杀了太仆。太仆就从梁逃奔出来到邯郸觐见刘邦，向刘邦密报说梁王彭越与将军扈辄合谋反叛。刘邦抓住这个把柄，派使者偷袭彭越，而彭越毫不察觉，被武士逮捕，押送洛阳加以囚禁。彭越被押以后，司法官进行审讯，结论是："反叛已经形成，有事实，请按有关法律处以死罪。"刘邦赦免了彭越的罪过，削去梁王封号，将其贬为庶人，并流放到蜀地的青衣（今四川雅安）。

彭越被贬为庶人以后，带着满腹的冤屈西行上路，行至郑（今陕西华县），适逢吕后从长安来洛阳路经此地。彭越向吕后痛哭流涕地诉说自己并无罪过，实在冤屈，希望吕后能在刘邦面前为自己说话，表示只想回到老家昌邑做一个平民百姓。吕后假装答应了他的要求，与彭越一起回到洛阳。

吕后将彭越带回洛阳以后，却对刘邦说："像梁王彭越这样的壮烈之士，将他流放到蜀地，实在是为自己留下祸患，不如就此杀了他。"刘邦同意了她的要求，让吕后全权处理。吕后即刻命令彭越的舍人出来诬告彭越再次谋反，廷尉王恬开依照吕后的指令把彭越定成夷灭宗族的大罪。王恬开的上奏书送达刘邦，刘邦批准了这个定刑。梁王彭越被处死以后，骨肉被剁成肉酱，遍赐诸侯王。淮南王英布接到梁王彭越的肉酱以后，面如死灰，兔死狐悲之心油然而生。

梁王彭越的军事才干在楚汉战争中充分显露出来，经常神出鬼没地袭击项羽的军队，尤其是屡屡在关键时刻截断项羽军队的粮食补给线，极大地减轻了刘邦军队的正面压力；刘邦有好几次危机，都是由于彭越在楚军背后的攻击使项羽不得不抽出精锐赶赴东方而得到解救的。彭越归附刘邦并在楚军背后机动灵活地努力作战，使楚军陷入首尾难顾、腹背受敌的困难境地，为刘邦的胜利立下了汗马功劳。在汉军系统中，独立指挥军队同项羽作战，并立下巨功的，首推韩信，次属彭越。

自始至终，虽然彭越并没有反叛，甚至没有反叛的想法，但他拥有的庞大封地和权力以及他的军事才能和军事力量，都是君主专制的中央集权的巨大威胁，这些人一日不除，天下就一日不宁。韩信与彭越都不想谋反，结果都遭到诛杀。

皇位导致人性堕落
——吕后残害戚夫人

吕后名雉，砀郡单父（今山东单县）人。她是刘邦的结发妻子，生惠帝刘盈及女儿鲁元太后。刘邦在汜水之阳即帝位后，她被立为皇后。刘盈即帝位后，她被尊为皇太后。

拿棒妇人陶俑

吕后为人刚烈，刘邦定天下后，她为巩固刘氏政权，清除异姓王，出力非小，诛诸侯如韩信、彭越等，她都是主谋。刘邦在发迹过程中及做皇帝后又收立不少姬妾、嫔妃，对此吕后十分怨怒。刘邦死后，她就将刘邦宠幸的、侍宿次数较多的嫔妃囚禁起来，不许出宫，并对她们进行惩罚，只有薄姬因侍宿极少，才得以出宫，跟着儿子刘恒去了代国。

吕后最为怨恨的是戚夫人。戚夫人是刘邦率部攻下定陶时所得，刘邦对她非常宠爱。她年轻貌美，自刘邦征战各地到初入关中，入蜀汉，然后定三秦，转战关东灭项羽，戚夫人一直在刘邦身边。甚至在吕后立为皇后以后，戚夫人伴宿刘邦的次数也最多，吕后对她十分妒忌。

与戚姬相反，吕后却很少得到刘邦的宠爱。刘邦微贱时，其行为常被人看不起，吕后父吕公看中了他，将女儿许配与他。成家后，刘邦仍不走“正路”，不事耕种劳作，也很少回家；而吕后既要操持家务，又得领着儿女下地干活。刘邦在沛县起兵后，将刘父、吕后托付给审食其、刘仲照料，自己就一心去打天下了。高祖二年（公元前 205 年），刘邦在灵璧睢水之上，以五十六万大军反败于项羽三万精兵，最后仅以十余骑逃命。途经沛县，刘邦叫人去接家室，而刘氏一家已经逃亡。后来在途中幸遇他的一双儿女，但刘邦为了摆脱楚兵追击，几次将他们推下车去，只是几次都被夏侯婴救起，他们才得以活命。吕后、刘父及其家人由审食其等人护送，抄小路逃命，不巧正碰上楚军。从此，吕后等人就被项羽当作人质扣押在营中，直到高祖四年（公元前 203 年）九月项羽向刘邦求和，才回到刘邦身边。刘邦行军作战时，吕后常常留守后方，很少能见到刘邦，因此关系更加疏远。被立为皇后以后，刘邦对她依然是尊而不亲。

吕后对戚夫人怨恨，最主要的一点还是在于争立太子的问题，与吕后争立自己的儿子为太子是戚夫人受残害的根本原因。

戚夫人生的儿子刘如意在高祖九年（公元前 198 年）封为赵王；吕后生的儿子刘盈早在高祖二年（公元前 205 年）就立为太子，他是皇后所生，按理不存在废立问题。但是，刘邦最喜欢刘如意，认为他性格、气质、相貌都很像自己；而刘盈生性仁慈、软弱，刘邦认为他没有能力做皇帝。加上刘邦宠幸的戚夫人经常在面前苦苦相求，刘邦每每生出重立太子的念头来，好几次都几乎成了事实。

刘如意立为赵王时，刘邦就想立他为太子。一次廷议，文武大臣大多数都不同意废旧立新。御史大夫周昌廷争最强。刘邦问他理由，周昌本有口吃的毛病，再加上非常愤怒，就结结巴巴地说：“臣口不能言，然而臣期……期……知其不可，陛下欲废……废太子，臣期……期……不……不奉诏。”刘邦欣然而笑，暂时放弃重立太子之事。吕后在东厢厅暗听到廷议，心里十分感激周昌，见到周昌，向他跪谢说：“要是没有您，太子几乎被废了。”

当时赵王刘如意年仅十岁，刘邦对他的命运十分担忧，担心他在自己死后不能保全，要是他做了太子，事情就会好多了。可眼下最主要的是要给他找个可靠的保护人。一天，刘邦内心不乐，轻声悲歌，群臣不知皇上为何如此。年轻的符玺御史赵尧走上前，轻轻地问：“陛下所以闷闷不乐，是不是因为赵王年少而戚夫人与吕后又有隔阂，考虑万岁之后赵王不能保全自己呢?”刘邦说：“正是。我私下担忧，不知能想出什么办法。”赵尧说：“陛下唯一的办法就是给赵王找一个德高望重的相国，这个人必须是吕后、太子、群臣平时所敬畏的人。”刘邦问：“谁合适呢？”赵尧说：“御史大夫周昌。”于是，刘邦立即召来周昌，对他说：“我想麻烦周公，您就为我做赵王的相国吧。”周昌哭泣说：“臣最初就跟随陛下，陛下为何要将老臣中途弃之诸侯？”刘邦说：“我深知委屈您，然而我心念赵王。辅佐赵王，非公莫属。”

过了不久，刘邦对赵王放心不下，还是想立他为太子。吕后闻知，心里非常着急。有人对吕后说：“留侯善于筹谋，皇上也相信他。何不求他想个办法？”吕后就让建成侯吕泽走访张良。吕泽对张良说：“您身为皇上谋臣，如今皇上想更换太子，您怎么能高枕无忧，充耳不闻呢？”张良答道：“当初皇上多次处于危急之中，幸而采用我的计策。现在天下已定，因为偏爱的缘故要更换太子，这是骨肉之情；即使百人进谏，又有何益？”后来，张良总算给想出一条妙计：“皇上不能相招的只有四个人，这四人年纪大了，都认为皇上对人傲慢轻侮，所以逃到深山中，义不为汉臣。假如以太子名义修书一封，言辞谦逊，再准备好座车，派说客敦请，他们肯定出山。然后待之以贵宾之礼，让他们常随太子出入宫廷，这样对太子最有帮助。”吕泽便按计请四位老者。

高祖十一年（公元前196年），英布反。高祖刘邦正生病，想派太子刘盈担任主将，前往讨伐。四老相互商量，认为太子领兵平叛很不利，就对建成侯吕泽说：“太子领兵平叛，即使有功，地位不会超过太子；若是无功而回，恐怕就有祸患了。况且与太子出征的将领都是曾随皇上平天下的猛将。太子统率他们，无异于以羊制狼，他们不会为太子卖力，这样太子自然无功而返。如今戚夫人日夜侍奉皇上，赵王常常抱在皇上面前。皇上又常说：‘终不能让不像我的那个不才之子居于爱子之上。’很明显，皇上志在让赵王代替太子。你应该迅速请皇后找个机会对皇上哭谏，让皇上取消用太子领兵的打算。”吕泽当夜驰告吕后，吕后按四老之意哭诉一番，终于使刘邦改变主意，决定自己带病出征。

高祖十二年（公元前195年），刘邦从前线撤回，身体每况愈下，更想更换太子。张良劝谏，不听。太子太傅叔孙通以死相谏：“从前晋献公因骊姬之故，想废太子，立奚齐，结果使晋国内乱了数十年，为天下耻笑。秦朝就因为不早定扶苏，使赵高得以诈立胡亥，导致国亡，这是陛下亲眼所见。当今太子仁慈忠孝，天下皆知。陛下与吕后同甘共苦，怎么可以背弃！陛下一定要废嫡立少，臣请先伏诛，以颈血洒地。”其他大臣也纷纷劝谏，刘邦只好口头上表示不再重换太子，内心还想更换。

一次宴会开始前，太子侍候在刘邦身边，后面站着四老。四老都已是耄耋之年，须发如雪，衣着也与常人不同。刘邦感到奇怪，就问他们是什么人，四老回答：东园公、角里先生、绮里季、夏黄公。这正是刘邦找寻多年的四位高人。刘邦问他们为何要跟随太子，四老解释道："陛下轻视士人，喜于辱骂，我等讲求骨气，不愿受侮，所以躲进深山。太子为人仁义孝明，对士人恭敬有礼，天下无人不愿为太子效劳，我等当然跟随太子。"刘邦这才知道太子羽毛已丰，无法再更换了。

刘邦指着飘然而去的四老，对坐在身旁的戚姬说："我想更换太子，现在已太晚了。有他们四人辅佐，太子羽翼已丰，难以动摇了。吕后真是你的主人啊！"这时，戚夫人已泣不成声，刘邦心情也非常难过，对她说："你为我跳个楚舞吧，我为你唱楚歌。"歌数阕，戚夫人痛哭流涕，刘邦慢慢起身离去。酒宴散了，留给她们母子的将是一场不可逃脱的厄运。

惠帝元年（公元前194年）四月，高祖驾崩，太子刘盈为帝。吕后掌握实权，她立即着手残害与她为敌的戚夫人，而赵王如意也成了太子之争的牺牲品。

四皓护太子

吕后先命令永巷令将戚夫人囚禁起来。永巷本为宫女住所，因群室相连、排列如街巷而名，吕后用它来囚禁她认为有罪的嫔妃。接着，吕后派人去邯郸想召回刘如意，以图加害。赵相建平侯周昌遵从高祖遗愿，对赵王悉心照料。他明白吕后使者的来意，好几次都将使者挡了回去，他对使者说："高帝生前将赵王托付给老臣，是因为赵王年幼。老臣窃闻太后怨恨戚夫人，欲召回赵王一并诛杀，故老臣不敢放赵王回都。况且赵王生病，不能奉诏。”吕后十分恼怒，但她奈何不了于她有恩的周昌，只好想出个调虎离山之计，即先派人将周昌召回长安，然后再次派人去召赵王。

惠帝刘盈心地善良，他并不计较个人的恩怨。他深知吕后痛恨戚夫人及赵王，赵王来长安凶多吉少，就亲自到霸上迎接。赵王来京后，惠帝与他一同出入，一同饮食起居。吕后时刻都想杀掉赵王，可又苦于没有机会。惠帝元年（公元前 194 年）十二月的某一天，惠帝清晨起得很早，出去射猎，而赵王年少不能早起相随，吕后探听到后，立即派人拿着鸩酒，逼刘如意喝下。天亮以后，惠帝打猎回宫，赵王已气绝身亡。

吕后毒死赵王刘如意后，就毫无顾忌地对其生母戚夫人进行残害。她命人砍去戚夫人手足，挖掉眼珠，灼烂耳朵，又逼她喝了哑药，然后，把她丢进厕所里，称之为“人彘”。过了数天，戚夫人在极度的精神折磨和肉体摧残下惨死。戚夫人还有气时，吕后把惠帝请来观看人彘。惠帝见后，一问才知道是戚夫人，大哭不已，因此而病，一病就是一年多。后来，惠帝派人告诉太后：“这事非人所为。太后如此残虐，我身为太后子，再也无脸治天下了。”从此，惠帝日日饮酒作乐，不再听政。

戚夫人与吕后争庞，争立太子，实际上是一场生与死的较量。吕后费尽心机，终于保住了自己儿子的太子地位，她做了皇太后。然而，她对戚夫人的残酷报复实在是丧失人性。

蛇吞象的悲剧
——诸吕之乱

惠帝刘盈在位七年驾崩，满朝文武、后宫群妃恸哭流涕；吕后只是干号，毫无悲哀表情。这一小小的细节被侍中张辟强看到。辟强是留侯张良之子，才十五岁，却如同其父一般，智慧过人。他看出了吕后的心事，就对左丞相陈平说：“太后只有惠帝这么一个亲生儿子。惠帝驾崩，作为母后哭而不悲，您老知道是什么缘故吗?”老丞相问道：“那是何缘故?”辟强答曰：“这是因为惠帝英年早逝，又无亲生壮子，太后担心你们这班老臣，无心哭泣啊！您现在如果提议拜吕台、吕产、吕禄为将，统率南北诸军，诸吕皆入宫，居中用事，那么太后就心安了，你们这班老臣也就可以侥幸脱祸了。”

吕后执政的玉玺

于是陈平等人依辟强之计，禀奏太后。吕后果然大为高兴，此后哭悼之声就显得哀痛了。吕氏家族掌权，从此开始。

次年，吕后称制，称高后元年（公元前 187 年）。凡号令皆出于吕后，她实际上行使皇帝的权力。

吕后称制后，就积极准备分封诸吕。她下令朝议封立诸吕之事，以此观察大臣们的态度。问到右丞相王陵时，王陵措辞激烈，坚决反对。他说："高帝曾杀白马为盟：'非刘氏而王，天下共击之。'今封吕氏为王，岂不违背了高帝的心愿？"吕后极不高兴。问到左丞相陈平、绛侯周勃时，他们回答："高帝定天下，立刘氏子弟为王，今太后称制，立诸吕昆弟为王，无所不可！"听到二人说出这番话，吕后大喜。罢朝后，王陵指责陈平、周勃说："当初与高帝歃血订盟，二位难道不在场？现在惠帝驾崩，太后成了女主，想要立诸吕为王，你们非但不加劝阻，反而顺从其欲，曲意逢迎，违背了誓约，将来有何面目见高帝于地下？"陈平、周勃道出了他们的理由："眼下当面抵制、抗廷而争，我们不如您；至于保全社稷，安定刘氏天下，您恐怕就比不上我们了。"王陵语塞。

吕后封诸吕的第一步是封诸吕为侯。吕后封诸吕的第二步是封诸吕为王。

吕氏家族是吕后一手扶植起来的。吕后深知，分封诸吕为王侯不仅引起刘氏子弟的不满，就连朝廷大臣也非常不服，只是迫于她的威势，这些人敢怒而不敢言；她死后，势单力薄的吕族肯定会受到刘氏子弟与朝臣的联合攻击。因此，在晚年，她设法让吕氏掌握了兵权，任命吕禄为上将军，统率北军；吕产为太傅兼将军，掌管南军。南、北二军在汉初即已成立，由全国挑选的精锐兵卒组成，驻守京师。南军负责守卫皇宫，北军负责守卫都城长安，它们都称为京师之兵。吕后病危之中，告诫吕产、吕禄："高祖平定天下后，曾与大臣们杀白马盟誓：'非刘氏而王，天下共击之。'如今吕家的人封了王，大臣们心中自然不平。我行将就木，而皇帝年少，臣下很可能要变乱。你们一定要牢牢掌握住兵权，守卫好皇宫；千万不要为我送葬，以免受制于人。"吕后死，吕产兼任相国，而吕禄女则被立为皇后。

诸吕用事擅权，担心群臣不服，就想铲除异己，但由于有陈平、周勃、灌婴这些老臣在，他们不敢动手。老丞相陈平心患诸吕，叹力不能制，恐怕祸事临头，故常常在家考虑对策，陷入深深的苦恼之中。一次，陆贾前去拜访，问他有什么苦恼。陈平说："陆生为我揣摩揣摩。"陆贾说："足下已极富贵，无所侈欲，然而心怀忧念，不过是忧患诸吕、少主罢了。"陈平说："不错，又有何办法呢？"陆贾分析说："天下安，注意相；天下危，注意将。将相和调，则天下虽有变，权不分。臣常想告诉太尉绛侯（周勃），绛侯与我戏言，不重视我的话。君何不与太尉深相交结?”陆贾还为陈平策划了几条对付吕氏的计谋，陈平点头称是。不久，陈平用陆贾之计，送了大量金玉宝石为绛侯周勃祝寿，周勃也报之厚礼。从此两人携手，深相附结，吕氏力量就显得弱多了。

朱虚侯刘章办事果断，在高祖刘邦孙辈当中算是有魄力的一位。吕后封他为侯时，强迫他娶了吕禄之女为妻，他显得很满意，常常从妻子身上了解吕氏的动态。现在，刘章又从妻子口中探出了诸吕变乱之谋。为了避免刘氏子弟再度受到诛杀，刘章得知消息后，立即秘密派人飞驰齐国，通报了他的长兄齐王刘襄，劝他调兵西进，杀掉诸吕而自立；自己则坐镇长安，发动大臣以内应。

齐王刘襄接报后，便与舅父驷钧、郎中令祝午、中尉魏勃紧急密商，暗地部署发兵事宜。齐相召平闻知，坚决反对出兵。刘襄派人找召平，召平没有去，起兵包围了王宫。魏勃假装与他合作，骗他说：“齐国要想用兵，没有大汉朝廷的虎符合配还是不行。您发兵包围王宫，保护齐王，当然是好事。您还有其他事要办，不如让我来替您统兵护卫齐王吧。”召平起兵并非反齐，只想看住齐王，不让他领兵攻长安，以免引起大乱。他听魏勃一说，信以为真，就让魏勃统兵。魏勃当即撤去对王宫的包围，掉头包围了相府。召平叹道：“当断不断，反受其乱。”就自杀了。

吕后封同姓王

齐王刘襄清除了障碍，任命驷钧为相、魏勃为将军、祝午为内史，调集了国内所有军队，整装待发。为了增加实力，刘襄派祝午去琅邪与琅邪王刘泽联络。刘泽本来就痛恨诸吕当权，但自己已老，兵力又弱，所以不敢轻举妄动。祝午到琅邪后，对刘泽说：“吕氏作乱，齐王计划西去救难，诛杀吕氏。齐王自认晚辈，年纪小，又不谙熟军事，愿意把齐国托付给大王。大王自高帝起即为将军，通晓兵法，惯于作战。如今齐王不敢离开军队，派我请大王赴临淄（今山东淄博东北）面商，并请您统率齐兵西进，讨平关中之乱。”刘泽毫不犹豫，立即驰奔临淄。一到临淄，刘襄就把他软禁起来，又命祝午赴琅邪，调发了刘泽的兵力。

刘泽被欺骗，无法返回，便劝诱齐王说：“齐悼惠王（刘肥）是高帝长子，溯其本源，大王就是高帝嫡长孙，应当继位。如今大臣们还在徘徊不定，不知立谁为帝。而我在刘氏家族中最为年长，大臣们必定要等待我参与决策。现在，我留这里已无益处，不如派我入京，与大臣们商议迎立大王事宜。”刘襄已夺了他的军队，就放了他。但后来在确立新帝的争论中，刘泽说了反对齐王的话，使他帝梦破灭。

刘襄部署停当，随即发兵西进。为了得到其他诸侯的支持，他发出了讨吕檄文，称：“高帝平定天下后，封立刘姓子弟为王。悼惠王为齐王，悼惠王去世后，孝惠帝派留侯张良使齐，立臣为齐王。孝惠帝去世，高后称制。她年纪已大，听从诸吕擅自废帝更立，又连着杀掉三个赵王，灭梁、赵、燕而封诸吕为王。忠臣进谏，太后惑乱不听。今太后崩，皇帝年少，尚不能治理天下，只得依靠大臣、诸侯。然而，诸吕又培植自己的势力，劫持列侯忠臣，假传圣旨号令天下，刘氏宗庙因此而危。今寡人率兵入京，就要诛灭不当为王者！”

吕产等人得知齐王刘襄用兵，急得如热锅上的蚂蚁。他们一面派遣颍阴侯灌婴前往讨伐，一面调集军队守卫皇宫，同时还加强了长安城的守备力量。这时不仅吕氏家族绝大多数人都在长安，少帝及其名义上的弟弟济川王刘太、淮阳王刘武、常山王刘朝以及鲁王张偃也都留在京都，这些封王因年少而没有去自己的封国。形势对吕氏极为不利，他们内怕绛侯周勃、朱虚侯刘章及其他元老大臣，外惧齐、楚之兵，同时还要提防灌婴倒戈一击。

灌婴原是高祖手下的大将，他并不满意诸吕专权，领兵阻击齐王刘襄是迫不得已。他率兵进至荥阳（今河南荥阳东北）时，寻思道：“诸吕在关中掌握兵权，意在消灭刘氏而自立。今天我若是破了齐兵，还军京师，岂不给吕氏增添了资本。”于是他不再前进，留屯荥阳，又派人告谕齐王及其他诸侯，愿与他们联合，静待吕氏变乱，然后一举诛灭。刘襄接到灌婴将军的约书，就把军队撤到齐国西部边境上，等待机会。

绛侯周勃见吕氏要变乱也行动起来。他是高祖的老臣，曾随高祖转战东西南北，功劳卓著。惠帝六年（公元前189年），汉置太尉官，即以周勃为首任，掌握兵权。吕氏秉握权柄，周勃的权力受削，不能到军中执掌用兵大印。周勃首先要做的就是夺回兵权，尤其是南、北二军。他想到了曲周侯郦商。郦商也曾是高祖的重要将领，是谋士郦食其之弟。高祖起兵后，他率四千人归附，后因功封为曲周侯，任右丞相，故在朝廷中威望很高。郦商自己已年老多病，但他儿子郦寄与吕禄关系很密切。周勃便与陈平谋划，让郦寄前往吕禄处骗出兵权。

郦寄受命前往，对吕禄说："高帝与吕后共定天下。刘氏所封立的有九王，吕氏所立的有三王，都是大臣商议的结果，事情已布告诸侯，诸侯也都认为合适。现在太后已崩，皇帝年少，而足下佩起王印，不急着回封国守护，反而仍然担任上将军，统兵留在京师，这就会被大臣、诸侯怀疑了。足下何不归还将印，将军队交给太尉掌握？再请梁王交回相国印，然后与大臣们盟誓而去自己的封国。如此，齐兵必罢，大臣得安，足下就可高枕无忧而做方圆千里的国王了。这是万世之利啊。"吕禄受到齐王等人的威胁，很赞同郦寄的建议，准备交出将印，将兵权交与周勃，但他自己不敢作主。后来，吕禄告诉了吕产及其他吕氏长老，他们意见不一，一时难定。但是，吕禄还很信任郦寄，时常与之游猎。

一天，吕禄拜望其姑吕媭，告诉他交印让兵之事。吕媭大怒说："如果你作为将军而放弃统军之权，吕氏将无处藏身。"吕媭还将珠玉宝器摔到堂下，说："我何必再为他人守着这些东西！"意思是，吕氏不久就将遭殃了。这样，兵权还掌握在吕产、吕禄手里。

高后八年（公元前180年）九月十日，平阳侯曹窋作为代理御史大夫与相国吕产议事，郎中令贾寿急匆匆地走进来，对吕产说："大王不早去封国，现在想走，还能来得及吗？"贾寿刚出使齐国回来，就把灌婴与齐、楚合纵，打算诛灭吕氏的经过详述了一遍，说完，就催吕产急奔宫中。平阳侯曹窋听到这些话，看出形势不妙，立即飞马驰告陈平、周勃。周勃急奔北军营，却不得入内，他就令掌管符节的襄平侯纪通矫命北军迎纳。周勃进入北军后，又令郦寄与典客刘揭先说服吕禄："皇帝已命令太尉统率北军，要求足下去封国。足下赶快交出将印，否则，大祸将至。"吕禄觉得郦寄不会骗他，就解下将印交给典客刘揭，将兵权拱手让给了周勃。周勃携印在北军大喊："拥护吕氏的袒露右臂，拥护刘氏的袒露左臂。"军中都袒露了左臂，表示拥护刘氏，愿听从太尉调遣。

夺了北军，尚有吕产控制的南军。丞相陈平接到曹窋密报。急召朱虚侯刘章协助太尉。周勃命令刘章监守军门。曹窋告卫尉："不要让相国吕产进入殿门。"吕产这时还蒙在鼓里，并不知道吕禄已交出北军，仍想入宫作乱，但已进不了殿门，只好在门前来回走动。曹窋担心控制不住，就驰告周勃。周勃也怕不能取胜，就没有公开声明要杀吕产，而是拨了一千精兵给刘章，对他说："急入宫中，保卫皇上。"刘章带兵入宫，见吕产已在宫中，就采取行动。吕产见势不妙，赶紧就逃，很快被刘章追上。刘章当即杀了他。

刘章击杀吕产后，少帝命人持节慰劳他。他想夺下节信，谒者不肯，就跟着谒者同车行进，借着谒者所持的节信畅通无阻，乘机斩了长乐卫尉吕更始。回到北军见太尉，周勃兴奋地对他说："我们所患的就是吕产，今已被杀，天下就可安定了。"周勃又派人将吕氏男女全部逮捕，不管老少，一律处斩。

诛灭诸吕，太尉周勃等人便派遣朱虚侯刘章通告齐王刘襄等人。刘襄本想借讨伐诸吕之机，夺取帝位，不料诸吕尚未来得及变乱就被周勃、陈平等老臣智取，他只好罢兵。灌婴也从荥阳撤军而归。这样，一场势在必发的战争被化解了。

铲除诸吕后，刘恒为帝，施行无为之治，与民休息。从此，天下得安，君臣无事。

不思进取的领导

——萧规曹随

萧何、曹参是汉初著名的两位丞相。

萧何患病时，惠帝刘盈前来探望，问及相国的接班人问题："相国百岁之后，谁可接替?"萧何回答："了解臣下的人莫过于陛下。"惠帝说："曹参如何?"萧何回答说："陛下已得到最好的人选，我死而无憾了。"

曹参与萧何一样，原都是沛县（今江苏沛县）人，同时追随刘邦。起初二人关系很好，后来一人做了将军，一人做了丞相，关系渐渐疏远，但这并不影响两人相识相知。

汉相曹参

曹参文武全才，先做了将军，后做了丞相。灭秦、击楚以及平定叛军，他披坚执锐，取得赫赫战功，计攻占两个诸侯国、一百二十二县；俘二诸侯王、三个诸侯相、六个将军，另大莫敖、郡守、司马、军侯、御史各一人。刘邦论功行赏，他功居第二。

韩信被诛杀后，刘邦封长子刘肥为齐王，曹参出任齐国相国。

惠帝继位后，废除了诸侯国自己任命相国的制度，并改任曹参为齐国丞相。做了齐相就要统管齐国七十余城邑。时天下初定，齐王刘肥又年轻，所有的大事都由曹参作主。曹参把齐国素有名望的长老、读书之人全部召来，询问他们治国安民之策。数以百计的齐国儒生吞吞吐吐，众说不一，曹参也决定不了用哪一种治国方式。后来，他听说胶西郡有位盖公，精研黄老学说，就派人持厚礼请进相府。盖公对他说："治理国家、安抚百姓贵在清静无为。清静无为，百姓必然自行安定。"曹参对盖公的话很感兴趣，于是，让出正堂，请盖公住在里面。从此，曹参就以黄老学说作为治理齐国的纲领。

曹参做了九年齐相，齐民安居乐业，都称赞他是贤相。汉初因受长期战争的影响，人口锐减，经济凋敝，民不聊生。采用清静无为、与民休息的办法，给百姓一个喘息的机会，这对汉初的人口及农业生产的恢复和发展都有一定的好处。惠帝二年（公元前 193 年），萧何死。曹参闻讯，便告诉左右赶快打点行装，说："我将要做朝廷的相国了。"不久，朝廷果然来了使者，召他回京。

曹参在离开齐国之前，仍不忘他的无为之治。他对新任齐相说："你首先要做的事是把齐国的狱市变成奸人的寄寓场所。对于狱市这样的地方，要持谨慎态度，不要随意去扰乱。"他的意思是不行峻法、不施严刑、不使奸人因无处容身而作乱。新任的丞相问他："治理国家就没有比这更重要的事吗？"曹参说："狱市是善恶兼容的所在。如果你以严刑惩治奸人，奸人无处容身，也就失去了改过自新的机会。所以，我常把这类事放在治国的首位。"

曹参的无为之治术，在继任相国后得到更充分的体现。

他选择郡县官吏中质朴而不善文辞的忠厚长者做相国府的属吏，官吏中凡能言善辩者、苛求深究者、追求声誉者，总是被他撵走，而他自己则日夜痛饮醇郁的美酒。卿大夫以下官吏乃至宾客，见曹参不理政事，就登门拜访，欲进言劝告，这些人一到，曹参就拿出好酒，让他们大饮，他们想开口，曹参就催着喝酒，这些说客往往喝得大醉离去，无人能有机会说出心里想说的话。

曹参的住宅后园靠近小吏的房舍。小吏们整天饮酒，欢呼歌唱。曹参的下属常常感到很不耐烦，却对他们管不着。下属们就请相国在后园中游赏，希望他来弹压。哪知曹相国听了小吏们的高歌、喊叫一点儿也不在意，反而叫属下拿来桌椅，摆开酒菜，也大饮起来，同时放声高歌，大声呐喊，呼应小吏。

在相国府中，曹参见到官吏有过失，从不渲染、指责。相反，他总是设法加以隐瞒、遮掩。所以，在他任期，相国府相安无事。

萧何在世时，制定了一系列规章、制度。面对萧何定下的各种成规，曹参不加丝毫变动，奉行如一。在他出任相国的三年内，没有任何建议或措施提出。

汉惠帝对曹参不积极参与政事感到很奇怪，心生疑窦："莫不是轻视我吧？"于是，他找来曹参的儿子、中大夫曹窋，对他说："你回家时，试着问问令尊：'高帝刚刚离别群臣而去，当今皇上又很年轻。您身为相国，每天饮酒不止，从不向皇上上书言事，凭什么来考虑天下大事呀？'"曹窋回家后，就把惠帝的话以自己的口气说出来，规劝老父。曹参一听大怒，鞭笞曹窋二百下，训斥道："还不赶快进宫侍奉皇上，天下大事由不得你来问。"

萧规曹随

次日上朝时，惠帝责怪曹参说："为何要惩罚中大夫？那些话都是他替我劝诫你的。"曹参赶忙脱冠谢罪，说道："陛下圣明英武，然而比之高帝何如？"曹参紧接着说："依陛下看，臣与萧何谁更贤能？"惠帝说："君似乎比不上他。"曹参说："陛下所言极是。况且高帝与萧何定天下，法令制度已非常明确。今天，陛下垂衣拱手，无为而治；参等谨守职位，遵而勿失，不也是很好吗？"惠帝无言以对。萧规曹随，这就是人们对曹参推崇黄老学说，实行无为而治的总结。

争天下，取有为；得天下，取无为。萧规曹随，亦即无为而治，它作为治国纲领在汉初被最高统治者采用，客观上促进了社会经济的恢复和发展。

谁动了我的奶酪

——七国之乱

汉景帝前三年（公元前 154 年），以吴国为首的七个同姓诸侯国发动了一次联合大叛乱，史称“七国之乱”。

汉景帝

产生“七国之乱”的根源是汉王朝搞的同姓分封制度。刘邦建立汉王朝后，认为秦不分封同姓诸侯是其灭亡的重要原因，于是大封同姓，先后立弟刘交为楚王，兄刘喜为代王，子刘肥为齐王，从父弟刘贾为荆王，子刘长为淮南王，子刘如意为赵王，子刘盈为代王，刘恢先为梁王后为赵王，刘友先为淮阳王后为赵王，子刘建为燕王，从祖昆弟刘泽为琅邪王（文帝时徙为燕王），刘喜之子刘濞为吴王，这些封国几乎占去了旧时燕、赵、齐、魏、楚等国的全部疆土。

诸侯王在封国内就是国君，权力很大。王国的政权机构和中央基本相同，除太傅和丞相由中央任命外，自御史大夫以下的各级官吏，都由诸侯王自己任命。诸侯王还有一定的军权，有财政权，可在国内征收赋税。王国的疆土广大，人口众多，多数王国很富庶，如齐王刘肥有六郡，计七十三县；吴王刘濞有三郡，计五十三县，王国在政治上处于半独立状态。

刘邦在世时，由于社会经济凋敝，同姓诸侯王又大都年少，因此，问题还没有暴露出来。惠帝和吕后以后，随着社会经济的恢复和各诸侯王长大成人，国势日益强盛，他们就都成为割据一方的势力，与中央的矛盾越来越大，有的甚至觊觎帝王之位，西汉政治由此开始动荡，“七国之乱”就是在此背景下发生的。

“七国之乱”首发者为吴王刘濞。刘濞被封王时年二十，体壮有气力，刘邦担心吴地社会风气轻悍难治，需要一个年轻力壮的封王来镇抚，当时他的儿子都年少，就封刘濞为吴王。受封仪式后，刘邦召刘濞来给他相面，说：“你的样子有反相。”心中很是后悔，然而封王仪式已经完毕，不好更改，刘邦便抚着刘濞的脊背说：“汉家今后五十年内东南方有叛乱者，难道是你吗？天下同姓是一家，你要谨慎，不要造反！”刘濞叩首说：“不敢。”

孝文帝时，吴太子到长安，在与皇太子赌博时，因对皇太子不恭，被皇太子杀了，其尸体运回吴国后，刘濞非常愤怒，说：“天下都是刘氏的天下，在长安死就葬在长安，何必运回吴国安葬呢！”于是就又把太子尸体运回长安安葬了。刘濞由此对中央不满，称病不去长安朝觐。朝廷知道他是因太子被杀的缘故不朝，便将他派去的使者拿问。刘濞很惊恐，开始起了反叛的念头。后不久，吴王派使者到长安朝觐，汉文帝又责问刘濞称病不朝的事，使者回答说：“吴王实际上无病，只是朝廷治拿吴国使者，吴王惊恐，这才假托有病，希望皇上能抛弃前嫌，让吴国有个改过自新的机会。”于是文帝释放了先前拘拿的吴国使者，并赐给刘濞几杖，允许他可不再朝觐，刘濞因此解脱了罪名，反叛的念头也暂时打消了。此后，吴国凭借丰富的铜、盐资源，加上各种与民休养生息的措施发展了四十余年。

“七国之乱”的直接导火索是汉景帝和御史大夫晁错认为吴王刘濞有罪，欲削他的会稽和豫章两郡。早在文帝在位时，晁错就几次上书陈述吴国的过失，请求削吴国地，但文帝总是不忍心惩罚吴国。刘濞见朝廷软弱，越发强横起来。景帝即位后，晁错又劝说道：“当初高祖刚平定天下，因兄弟少，几个儿子也还年幼，于是大封同姓诸侯王，齐国辖七十余城，楚国四十余城，吴国五十余城，这三国几乎占去了天下一半的疆土。吴王刘濞以前因太子被杀事与朝廷结怨，托病不来朝觐，依法应杀，只因文帝仁慈，不忍处罚他，反赐他几杖，朝廷的恩德如此之厚，吴王本应改过自新才是，他反而更加骄横，在国内铸钱、煮盐，招引天下罪人阴谋作乱。现在削他的地他会反，不削也要反。削地他反得快，祸害要小些；不削地反得慢一些，祸更大。”景帝让各公卿、列侯及宗室议论此事，除大臣窦婴外没人表示不同意见。在此前后，景帝听从晁错的劝告，先后削了楚、赵、胶西三个诸侯国的地。

汉初名将周亚夫

正当朝廷议论是否削吴地的时候，吴王刘濞已积极谋划反叛了，他看到同姓诸侯里只有胶西王刘卬好斗，同姓诸侯都怕他，就首先想把胶西王拉到自己一边来，于是派中大夫应高去对刘卬说："现在皇上越来越任用奸臣，听信谗言，侵削诸侯，诛罚良臣重将，吴王有病，二十余年不能朝觐，经常怕皇上犯疑，处处小心谨慎，还怕不为皇上谅解，听说大王因卖爵事被削了地，可这个过失不至于被削地吧，因此，恐怕还不只是削地的问题。"胶西王问："纵有此事，又能怎样呢？"应高说："吴王感到有与大王同样的忧虑，因此，愿顺从民心，为天下舍身除患，大王意愿如何呢？"刘卬惊骇道："我怎敢这样干，皇上虽然逼得急，但就是让臣死，又能怎样？"应高说："御史大夫晁错蛊惑天子，侵夺诸侯，致使朝廷群臣怨恨，诸侯皆有背叛之意。现正值彗星出，蝗虫起，天赐良机，正是出圣人的时候，吴王在朝内诛杀晁错，在外跟随大王的军队，所向披靡。大王若同意，那吴王就与楚王攻占函谷关，坚守荥阳、敖仓的粮食，抵抗汉兵，而对付皇宫则要仰仗大王了。大王若亲自出马，则天下唾手可得。吴王与大王分割而立，这难道不是很好的事情吗？"

胶西王终于被说动了，同意与吴国一同起事。应高回报吴王，刘濞恐刘卬犹豫生变，就亲自到胶西与刘卬定约。胶西群臣中有听说此阴谋者，劝刘卬说："诸侯的地盘不抵汉的十分之二，因叛逆而惊扰太后，决不是什么好主意。现在侍奉一个皇帝还觉不易，若反叛事成，两主分立，那祸害就更大了。"刘卬不听，派使者约齐、淄川、胶东、济南四王共同起事。四王都答应了。

当朝廷削吴国会稽、豫章两郡的诏书到吴后，吴王即率先起兵，将二千石以下的汉吏都杀了。胶西、胶东、淄川、济南、楚、赵也都跟着起兵。

齐王悔约，没有跟着起兵，坚守城门不出，胶西、胶东与淄川、济南共攻齐，围临淄。赵王刘遂发兵驻扎在西部边界，并派人与匈奴联络。

吴王命国中年十四岁到六十二岁的男子都从军，总共动员了二十余万人，并派使者到闽、东越，动员闽和东越也起兵反汉。吴王在广陵起兵，会合楚军后，一起攻打梁国，梁孝王虽极力抵抗，仍两败于吴楚联军，只好固守睢阳。

为平息叛乱，景帝任命中尉周亚夫为太尉，率三十六将军攻打吴、楚；派曲周侯郦寄击赵；将军栾布击齐；召窦婴为大将军，镇守荥阳，监视齐、赵军队。

在七国反叛的关键时刻，景帝听信谗言，杀了晁错。

当初，晁错为侵削诸侯更令三十章，诸侯哗然，其父听说后，劝他："皇上初即位，你在朝当政，侵削诸侯，疏人骨肉，诸侯多有怨言，你这是为什么呢?"晁错说："本来就应如此，不这样做，则天子不尊，宗庙不安。"晁父说："刘氏平安了，可我晁氏却危险了，我要快快离开你了。"回去后就喝药自杀了，说是不忍见灾祸降临。过了十几天，吴、楚等国反，果然就是以诛杀晁错为名的。

直接致晁错于死地的人是袁盎。袁盎曾是吴国相，晁袁二人关系一直不好，晁错在，袁盎就避开，两人竟没在一起说过话。晁错当上御史大夫后，以袁盎收受吴王财物的罪名将他贬为庶人。吴、楚反后，晁错本想治拿袁盎，因丞相等人反对，晁错有些犹豫。有人向袁盎通了信，袁盎跑到窦婴那里，请窦婴引他见皇上，解释吴王为何要反叛。窦婴在景帝那里替他说了话后，景帝召见了袁盎。景帝问他："你对吴楚反叛之事有何看法?"袁盎说："皇上可不必对此担忧。"景帝问："吴王铸钱、煮盐、招天下豪杰，为反叛做了充分的准备，怎么能说是不足为虑呢?"袁说："吴国确实有铜、盐之利，可哪里招来了豪杰呢?如果吴得到了豪杰，也应是辅佐吴王从善，不会反叛了。现今吴国招纳的都是些无赖子弟、亡命之徒和私自铸钱的坏人，因此才出了乱子。"此时晁错也在一旁，说："袁盎的意见很对。"景帝问："那你有何好主意呢?"袁说："请让左右之人退下。"景帝命众人退下，独留晁错在，袁盎说："我所要说的，为臣者不应知道。"景帝这才让晁错也退下。袁盎说："吴、楚等国相互交换信件，说高皇帝以同姓子弟为王，各有封地，现贼臣晁错擅自打击诸侯，侵夺土地，反叛也由此起。他们向西开来也只是想要诛杀晁错，恢复故地罢了。如今只有一条路可走，就是杀了晁错，派使者到吴、楚等七国，恢复他们的故地，这样，可兵不血刃解决问题。"

景帝听信了袁盎的话，任命他为太常。十几天后，以莫须有的罪名杀了晁错，并命袁盎出使吴国。

谒者仆射邓公就战事上书景帝，景帝召见他时问："吴、楚听说晁错已被杀，是不是准备撤军呢?"邓公说；"吴国想谋反已几十年了，要杀晁错不过是借口而已，我恐怕天下贤士今后再不敢说话了。"景帝问他为什么，邓公说："晁错担心诸侯坐大，才想要削弱他们，以维护京师的尊严。可计划刚开始实施，就被杀了，结果是对内堵了忠臣的口，使他们不敢再说话，对外则为诸侯报了仇。"景帝听后叹道："你说得很对，我也很后悔!"

袁盎到了吴国，刘濞听说他来了，知道他要说些什么，不肯见他，而是要把他留在军中为将，袁盎设法逃了回去。

"七国之乱"最后被镇压下去主要靠的是周亚夫的谋略。一开始，周亚夫就对景帝说："楚国军队比较剽悍，不宜与之正面交锋，可由梁国军队断其粮道，这样就好制服楚军了。"景帝同意了他的建议。而后，周亚夫又用赵涉之计，出其不意到了洛阳，使吴王欲偷袭周亚夫军的阴谋破产。

当吴楚联军猛攻梁国时，梁王几次向周亚夫求援，周亚夫没有理会。梁王告到景帝那里，景帝命周亚夫救梁，周亚夫也未奉诏行事，而是坚壁不出，同时派军队去堵吴、楚军队的后路，断绝其运送粮饷的交通要道。梁王见无援兵，命中大夫韩安国及楚相张尚弟张羽为将军拼死抵抗，终于挫败了吴军的攻势。吴军向西退，梁兵坚守城池，只好向周亚夫驻兵的方向开来，两军相遇后，周亚夫命军队坚守不出战，吴、楚军因断粮，许多士兵饿死，大败而去，周亚夫派精兵乘胜追击，又大败吴楚联军。吴王刘濞弃军带几千精兵乘夜逃亡，楚王刘戊自杀。刘濞率残兵渡淮河到了东越，纠集散兵游勇，准备以东越为反汉基地。汉派人到东越以利相诱，东越人便杀了刘濞，将其头献给汉帝。吴太子刘驹逃往闽越。

吴、楚反叛前后历时三个月，以失败告终。

当胶西、胶东、淄川三王围攻临淄时，齐王派路中大夫到京城告急，汉景帝命路中大夫回报，要齐王坚守，说："汉兵现已打败吴楚军队了。"路中大夫回到临淄城外后，三国的军队已把临淄围了几层，无法入内。三国将领对路中大夫说："你到城下对齐王说汉已被打败，齐王若跟随三国起事可保平安。"路中大夫表面答应了，但到了城下，马上对齐王说："汉已发兵百万派太尉周亚夫击败了吴楚军队，现正带兵来救齐国，齐国一定要坚守，不能投降。"三国将领立刻把路中大夫杀了。当三国军队初围齐时，因形势危急，齐王暗地里派人与三国接洽，准备与三国通谋，但还未约定，路中大夫就回来传了信，齐国大臣劝齐王不要与三国通谋了。很快，汉将栾布等带兵到齐击败三国军队，为齐解了围。后听说齐王当初与三国有谋，汉兵就准备伐齐，齐孝王害怕，服毒自尽了。

胶西、胶东、淄川王各自带兵回国后，胶西王太子刘德仍不死心，想趁汉兵疲惫进行偷袭，胶西王认为自己的军队已完了，根本不可能再去打仗，阻止了刘德的行动。

汉将韩颓当送信给刘卬说：“本人奉诏诛杀不义之徒，降者赦免，不降者杀之，你怎么样?”并问他为何要反叛。刘卬辩解说：“因晁错欲侵削诸侯，为诛杀晁错而起兵，现听说晁错已被杀，这才罢兵回来的。”韩颓当驳斥说：“若因晁错不义，可上告天子，现擅自发兵，恐怕不只是为杀晁错吧”于是令他自杀，刘卬自尽。随后，胶东王、淄川王、济南王都被杀。

刘濞反叛

郦寄带兵攻打赵国，赵王坚守邯郸，郦寄久攻不下。栾布解齐围后带兵增援，引水灌城，城破后，赵王自杀。

济北王在事败后也要自杀，齐国人公孙玃为其到梁王那里游说，说动了梁王，梁王派人到京城为济北王说情，济北王由此幸免，被徙封于淄川。

平定了吴楚反叛后，景帝本准备为吴、楚续后，但窦太后不同意为吴立后，准许为楚立后，于是景帝将吴地一分为二，徙淮阳王为鲁王、汝南王为江都王，并立宗正刘礼为楚王、皇子刘端为胶西王、刘胜为中山王。

此后，景帝进一步削弱诸侯王的权力，以加强中央集权。

少年天子

——汉武帝即位

汉武帝刘彻，原名彘，是景帝刘启的第九个儿子，景帝初元元年（公元前 156 年）七月七日晨生于猗兰殿。景帝后三年（公元前 141 年）正月，景帝刘启死后，甲子日，刘彻即位，时年十六，是为武帝。

汉武帝

汉武帝刘彻是中国古代的著名政治家。这位在位时间长达五十四年的皇帝，开展了一系列重大的政治、经济、军事、文化活动，采取了一系列的政治、经济、文化措施和政策，为整个封建制度和中华民族的疆域奠立了基本的框架。重大的政治活动排满了他的年表，他对中国封建社会产生了极其深刻的影响。

景帝薄皇后是文帝母亲薄太后家女，景帝做太子时，由薄太后做主，娶她为妃。景帝即位以后，便立了薄妃为皇后。可是，薄太后未能生下儿子，便渐渐失去了景帝的宠爱。景帝初元二年（公元前 155 年）四月，薄太皇太后死去，薄皇后失去了靠山。初元六年（公元前 151 年），薄皇后被废，这样，后位出缺。

因为薄皇后没有生下儿子，所以，景帝即位以后的几年间也没有立太子。可是，在君主专制政治下，皇储太子是未来的皇帝，是国家的根本，是头等的政治大事。天下大命，悬于太子一身，预立皇储，是加强政治安定、平息皇族争端的重要手段。按照君位继统法，奉行立子以贵不以长，立嫡以长不以贤的继统原则。可是，景帝嫡妻薄皇后无子，预立太子只能到庶出的诸子中去选择。

景帝的母亲窦太后特别喜爱自己的小儿子梁孝王刘武，不但赏赐极多，甚至还想行商代“兄终弟及”的继统法让刘武接替皇位。景帝同这个同胞手足感情极深，一同进出甚至起卧。景帝本人也想废父子相继的继统法传位于弟弟梁王刘武，搞兄终弟及的一套。一次家宴上，酒酣之际，景帝从容地对刘武说：“我千秋万岁以后，就把皇位传给你。”刘武虽口称辞谢，但内心里却很高兴。窦太后听了也很高兴。当时陪席的，还有管皇后与太子家事的詹事窦婴，他不赞成景帝这么做。他敬酒劝阻说：“天下，是高皇帝的天下，父死子继，父子相传，是汉家朝廷的约定。陛下怎么可以把它当作自己私有的东西传给别人呢?”此事只好作罢。

按嫡长继统法，既然没有嫡子，那么庶出诸子之间就没有嫡庶贵贱的差别，有差别的是先天的年龄长幼之别。那么，预立皇储按年龄长幼的先天差别也能起到杜绝纷争，稳定政治，加强贵族之间内部团结的作用。庶出诸子应立最长者为皇储。在景帝的庶出诸子中临江闵王刘荣年龄最长，景帝初元四年(公元前153年）四月，刘荣被立为太子，称栗太子。同一天，刘彘被封为胶东王，时年四岁。

刘荣的母亲栗姬本来最受景帝宠爱，刘荣又被立为太子，薄皇后以无子被废，后位出缺，照理，栗姬当被立为皇后。景帝也有立栗姬为皇后的打算，有病时曾叮嘱栗姬，说自己千秋万岁以后，要栗姬好好照看诸皇子，负起皇后的责任。可是栗姬妒心太重，就怒而不应，还出言不逊，提出无理要求，景帝很不高兴，对栗姬很失望，就把立后的事搁了下来。栗姬本来满怀着当皇后的心愿，现在景帝久不立她为后，心怀怨忿，进而又失去了景帝的宠爱。

在景帝后宫立储争后的斗争中，景帝的姐姐馆陶长公主嫖起了关键作用。刘嫖是景帝同母姐，刘彘的姑母，下嫁堂邑侯陈午为妻。窦太后非常宠爱这个女儿，不但赏赐给大量财物，而且让她经常出入宫闱。所以，刘嫖同景帝关系很亲密，她的话对景帝有很大的影响。由于长公主在宫廷中很有势力，所以后宫姬妾都巴结她，希望她能在景帝面前为自己美言引荐。长公主有个女儿叫阿娇，她希望阿娇将来能做皇后，想把阿娇嫁给太子刘荣，就派人示意栗姬愿意同栗姬联姻。可是栗姬心胸狭窄，目光短浅，怨恨长公主经常献美女给景帝，分掉了对自己的宠爱，又凭仗儿子刘荣已被立为太子，拒绝了长公主的要求。自此，长公主与栗姬结下了怨仇。

长公主想让女儿做皇后的心思并未打消。她重新估计了形势以后，又看中了刘彘，就向刘彘的母亲王夫人提亲。王夫人正在寻找政治靠山。为了利用长公主的势力和影响来提高和巩固自己的地位，就一口答应。刘彘小时候很聪明乖巧。一次，长公主刘嫖把刘彘抱坐在膝上，问他："儿想娶个媳妇吗？"刘彘回答："想。"长公主左右侍女成群，她把侍女指给刘彘，刘彘都说不喜欢。最后，长公主指着自己女儿阿娇问他："阿娇好不好？"刘彘笑着说："好，若能得阿娇为媳妇，一定盖一座金屋子给她住。"长公主很高兴。王夫人工于心计，刘彘又极乖巧，所以，长公主坚持要求景帝答应这门亲事，景帝就同意了。

云南，据说得名于汉武帝"彩云南现"的梦

长公主让阿娇同刘彘定亲以后，就积极展开多方面活动，促使景帝立王夫人为后，立刘彘为储君。此后，她常在景帝面前称赞刘彘聪明，说王夫人识大体，诋毁栗姬，说她挟邪媚道，不可为后。景帝本来就有些嫌弃栗姬，加上长公主不断称美王夫人，觉得还是王夫人贤能，很看重刘彘，还想起了王夫人怀彘时梦日入怀的贵祥征兆。

为了争位中宫，王夫人展开活动，挑拨景帝与栗姬的关系，以打击栗姬。在得知栗姬失去景帝宠爱以后，王夫人暗中派人挑唆太行向景帝建议，应册立栗姬为皇后。太行掌管接待宾客礼仪之事，不明底里，以为此事责无旁贷，就去奏请景帝："子以母贵，母以子贵，今太子母宜号为皇后。"景帝本来就对栗姬不满，现在见栗姬又派人来向他要后位，被激怒，厉声斥责，杀了太行，拿定主意，不让栗姬做后，废掉太子。景帝初元七年（前 150 年）春正月，景帝不顾太尉周亚夫、太子太傅窦婴的谏诤，废太子荣为临江王。

栗姬不但未捞上皇后的位子，反而砸了自己儿子的储位，自此甚至连景帝的面都见不上了，愈思愈怨，愤恨而死。

梁孝王刘武虽经窦婴劝阻未能成事，后来景帝又立了栗太子，但是想做皇帝的心并未去掉。他恃宠骄慢，使用天子的旌旗车驾，招揽四方宾客游士豪杰，罗致力量，打造弓弩兵器数十万，野心勃勃，栗太子被废以后，刘武又加紧了谋取皇位的活动。

开始，先由窦太后出面，向景帝提出立刘武为嗣。景帝向大臣们征求意见，大臣们纷纷表示反对，甚至已经退职家居养病的大臣袁盎还从安陵（今陕西咸阳东北）家里直到京师长安进言不可。这样，窦太后的提议未能通过。后来，刘武就自己上书景帝，要求将来由自己嗣位，也因遭到袁盎等大臣的反对而未能实现。

景帝初元七年（公元前 150 年）四月，王夫人被立为皇后。过了十二天，刘彘被立为太子。同时，景帝以为刘彘“圣彻过人”，将刘彘改名为彻，后世一般称汉武帝为刘彻。

中元二年（公元前 148 年）三月，废太子荣因违法自杀。夏天，梁孝王刘武因为竞争储位失败，非常怨恨袁盎等大臣，派刺客暗杀了袁盎和反对的大臣十余人。景帝查明案情，派田叔等为专使，追捕参与暗杀阴谋的羊胜、公孙诡等。羊胜、公孙诡等都是刘武的手下，是受到刘武指使的。刘武将他们藏匿在宫中躲避搜捕，后来，见无法包庇，又杀人灭口，迫令羊胜、公孙诡自杀。景帝因此对刘武很不满，逐渐疏远了他，窦太后再也无法庇护刘武。刘武虽然因窦太后的缘故被免了罪，但失去了景帝和窦太后的宠爱，郁郁不乐，中元六年（公元前 144 年）抑郁而死。

至此，在扑朔迷离的宫廷争夺中，一个一个的竞争对手因为种种原因都失败了。刘彘在栗太子和刘武死后巩固了地位。

刘彻被立为太子以后，极得景帝宠爱。周亚夫因为击败吴楚七国之乱立下大功，常常恃功自傲。有一次景帝宴请周亚夫，席上没有筷子，周亚夫心中很不高兴，面带怨色。当时刘彻在座侍陪，宴席期间，一直盯着周亚夫看。周亚夫被看得实在坐不住，愤而离席而去。景帝问刘彻，为什么目不转睛盯着周亚夫看。刘彻说：“此人可畏，日后必当作虐。”后来，周亚夫因儿子犯罪受到牵连，景帝命狱吏审讯，周亚夫立有大功，做过丞相，又是列侯，受到侮辱闭口不言。景帝便改命廷尉拘审周亚夫，周亚夫不甘受辱，绝食五日而死。

太子刘彻十四岁时，廷尉奏请景帝审批一件凶杀案：被告是杀人犯，名叫防年，被杀者是防年的继母。因为继母杀了防年的生父，防年就杀了继母为生父复仇。对于这件凶杀案，廷尉定性为杀母罪，判防年大逆。景帝怀疑定性判决不准确，就问刘彻，征询他的看法。刘彻分析说："通常说继母如同生母，也就是说继母同生母毕竟不同，只是由于父亲娶继母为妻，她才同生母一样罢了。现在防年的继母杀了防年的生父，那么，防年就同继母情断义绝，已不存在母子关系。所以应按一般杀人罪判刑，不应判为大逆罪。"分析头头是道，景帝大为赞赏，认为有理，就采纳了刘彻的意见，按一般杀人罪判防年弃市。大臣们也都称赞判决准确。景帝由此更加器重刘彻。

景帝后元三年（公元前 141 年）正月，景帝驾崩于未央宫。当天刘彻即皇帝位，是为武帝，时年十六。

经过汉初六七十年的休养生息，特别是经过"文景之治"，刘彻继位时，汉代社会经济、文化各方面都显出了兴旺发达的局面。正是在这样的形势下，即位了一位幼受儒术、兴趣广泛而又年轻力壮的少年天子。这位少年天子颇想有一番大作为，建一番大功业。